JN438588

대한사이버문학 제24호

독개다리

http://cafe.daum.net/hankuk2003

오늘의문학사

창작의 시간을 충분히 누릴 수 있길 바랍니다

서 혜 원
(대한사이버문학 설립자)

제가 글쓰기에 관심을 갖게 된 것은 문학 강좌를 통해서 탄생한 동아리 모임에서였습니다.

평소에 만나고 싶었던 시인이나 작가를 초대해 그분들의 창작 습관과 창작스케치 등을 들으며 감히 접근할 수 없었던 창작의 세계에 조심스럽게 발걸음을 내딛기 시작했습니다.

그때 작가들께서 문학에 막 입문한 새내기들에게 던지는 질문이 있었습니다.

"왜 쓸라고 하죠?"

그러면 대뜸 이름을 남기고 싶어서요. 라고 솔직하게 말하는 배짱 두둑한 분들이 계셨는데, 작가는 또 이에 선뜻 동의를 해주었습니다.

"호랑이는 죽어서 가죽을 남기고 사람은 죽어서 이름을 남긴다."

"인생은 짧고 예술은 길다."

"죽어서 이름을 남기는 방법은 여러 가지가 있습니다. 왜 꼭 글을 써야만 이름을 남길 수 있다고 생각하죠?"

"진심으로 해보고 싶기 때문입니다."

문학세상을 향해 걸음마도 떼지 못한 갓난아기가 부릴 욕심은 아니었습니다.

아무튼 빨리 등단하고 싶은 욕심이 앞선 늦깎이 회원들은 글을 어떻게 써야 등단할 수 있는 걸까에 관심이 집중되어 있었습니다. 문학동호인들이 작가와 만나는 자리에서 하는 첫 번째 질문은 어떻게 하면 잘 쓸 수 있나요? 어떻게 하면 등단할 수 있나요? 였습니다.

그러면 작가들께선 한결같이 이렇게 말씀하셨습니다.

"문학에는 왕도가 없습니다. 그냥 쓰십시오."

"작품이 좋으면 언제든지 등단 할 수 있습니다."

그분들은 등단의 구체적인 방법을 제시하지 않았습니다. 일부 회원들은 자신을 문인으로 등단시켜 줄 생각이 없는 작가의 강의를 신뢰하지 않았습니다. 그리하여 잿밥에만 관심이 있던 동아리 모임의 수업은 일 년여 만에 해체되었습니다.

동아리 회원들은 자신들의 습작을 작가의 타고난 예술성으로 손을 보아 등단을 시켜주길 원했었는데, 그 분들은 그 이상의 적극성을 띄지 않았기 때문입니다. 지금 생각해보면 그분들로서는 그 이상의 말씀을 하실 수 없었다는 것을 이해합니다. 맨투맨으로 붙어 가르쳐 등단을 시킬만한 재능이 있어 보이는 것도 아닌 것 같고, 선불리 손 댈 수 없는 사람들이라는 것을 알고 계셨던 것입니다. 글의 테마, 소재, 구상 모두 쓰는 사람들의 몫입니다. 초대 작가께서는 회원들이 써온 글들을 읽어보고 당신의 의견을 전달 해주는 것 말고는 더 이상 간여하지 않으려 했습니다. 동아리 회원들은 작가와의 그룹미팅을 접고 각자 저마다의 방법을 찾아갔습니다. 누가 누구를 독선생으로 모신다는 등의 소문이 돌아다니기 시작하더니 어느 날부터 여기저기에서 등단 소식이 들리기 시작했습니다. 그리고 회원들의 작품이 여러 문예지에 게재되기 시작했습니다. 문예지에 작품이 실린다는 건 참으로 힘든 시기였습니다. 회원들은 드디어 그토록 소망하던 작가의 꿈을 이룬 것입니다.

저 역시 앞서 등단한 선배의 도움을 받았지만 부끄럽게도 사는데 집중하느라 창작에 전념할 수 없었을 뿐더러 문인들과의 교류는 더더욱 할 기회가 없었습니다. 때문에 전 문단의 작가님들과의 만남은 그것이 전부였고 당연히 그 분들을 스승으로 생각하고 있습니다. 세월이 많이 흘렀습니다. 그때 그분들이 한분씩 유명을 달리 할 때마다 정말 안타깝고 마음이 많이 아픕니다.

사랑하는 대한사이버문학 문우님들! 영원히 살기 위함이란 거창한 타이틀을 자신에게 걸지 않더라도 문우님들께선 동인지를 읽는 사람들의 마음속에, 기억 속에 우리들의 작품이 오래 남아있어 주기를 바랄 것입니다. 건강 잘 돌보며 오래 오래 살아 창작의 시간을 충분히 누릴 수 있기를 바랍니다.

24호에 표지를 주신 백규현 화백님과 작품을 주시고 출판비를 지원해 주신 대한사이버문학 문우님들, 그리고 변함없이 출판을 맡아 수고해 주신 "오늘의문학사" 편집팀께도 진심으로 감사드립니다.

2015.10.

대한사이버문학 제 24호

시 · 시조

수필

수필

마음을 나눠요

아동문학(동화)

소설

시 · 시조

시 · 박덕균

까마귀는 사람이 그립다

쓰레기매립장에는 까마귀가 산다
까마귀는 늘 사람이 그리워
날마다 매립장에 쏟아지는 편린들을 바라보며
고단한 삶의 온기를 쫓고 있다
태어나면서부터 흉조凶鳥라는 멍에를 짊어지고
억울한 생을 그리움으로 토해내고 있다

삶의 편린들이 뿌연 흙먼지를 일으키며
지친 몸을 풀고 나가면
까마귀는 들뜬 몸부림을 하며 환성을 지르고
묵묵히 제 몫을 기다리는 건설장비들이
붕붕거리며 설치고 다니면
까마귀는 가슴을 쓸어내리며 괴성을 지른다

까마귀는 알고 있을까
프놈펜 쓰레기하치장을 떠도는
어느 검은 소년의 허전한 눈망울을

1963년 경기도 여주 출생, 여주고 졸업
현) 여주시청 재직
계간지 《문학사랑》 시 부문 신인상 당선(2012)
(사)문학사랑문인협회, 대한사이버문학 회원
시집 『송전탑은 거기에 있었다』 발간(2015)
pdkun@daum.net

이역만리 척박한 땅에서도 자긍심 하나로
묵묵히 참새가 사는 고향을 동경했거늘
그리웠던 품에 안기지도 못한 채
이방인이 되어 언저리만 휘돌고 있는 날개 짓을

까마귀라고 사랑을 모르랴
까마귀라고 그리움을 모르랴
삶의 공간엔 늘 정이 도사리고 있는 법
쓰레기더미라도 하늘은 있듯이
낙인찍힌 미물이라도 눈물은 뜨겁다
까마귀는 오늘도 사람이 그립다.

고구마가 싫다

작년엔 화진이만 고구마를 심었다.
친구와 후배 몇몇이
조그만 텃밭이나 해보자고
입을 모은 것이 어쩌다가
고추와 토마토, 오이, 상추 등등
오만가지 푸성귀를 심어 놓고는
남은 공간에 고구마를 심는다는 게
300평을 훌쩍 넘어 버렸다.

멋모르고 지은 농사지만
그래도 그 많은 고구마를 캐면서
그렇게 힘들다는 생각 없이
농사지은 놈들 말고도
가까운 지인들과 알콩달콩 나누어 먹으니
마음이 뿌듯해지는 것 같았다.

그런데 올해는
효성이란 놈이 500평을 보탰다
"개나 물어갈 놈
300에 500을 더하다니"
친구에 후배에 마누라, 처제까지
가능한 있는 대로 끌어들여
쉬는 날마다 고구마를 캔다.

허리는 끊어질 것 같은데
팔도 아프고 무릎도 아프다.
온몸이 욱신거리니
지랄 맞은 막걸리만 날아다닌다.
다만 한 가지 위안이 되는 건
일부를 재활원에 기증하기로 한 것인데
그래도 고구마가 자꾸만 싫어진다.

도로의 난폭자

도로를 달린다
여주에서 경주까지
자동차 경주를 하듯이 질주한다.

약속시각은 열두 시
늦지 않으려 최선을 다해
법을 무시한다.

평균속도 백오십
도로가 막히면 육두문자를 씹으며
미사일을 날리고 싶단다.

알짱거리는 차는
용서하지 않고 비껴가며
가능한 모든 차선을 넘나든다.

동행들은 하나같이
조수석을 회피하려 애쓰며
발끝에 힘을 주고 손에 땀을 쥔다.

차도 작은데
왜 그리 달리느냐고 불평하지만
소귀에 경 읽기

베스트 드라이버니까
마음 푹 놓고 여행을 즐기라며
개념을 무시하고 그저 내달린다.

삶이 음악 같다면

즐거운 퇴근이 의무감으로 무장하고
약한 속도감에도 스쳐 가는 풍경들이
의미 없는 속물들로 전락할 무렵
제목도 모르는 노래 한 곡이
메마른 가슴을 살갑게 부벼댑니다.

문득 산다는 게 음악의 장단처럼
박자가 착착 맞아떨어진다면
저마다의 삶은 또 어떤 모습으로
세상을 채색하려나 생각해 봅니다.

처음 듣는대도 싫은 노래가 있고
매일 들어도 신나는 노래가 있습니다
어쩌다 들으면 괜찮은 노래도 있지만
그냥 살이 저미는 노래도 있습니다.

그러나 삶이 박자가 잘 맞는 음악 같다면
어제의 씨앗을 추억으로 간직하고
내일의 꽃 같은 희망을 품고 사는
각본 없는 삶은 없을 듯합니다.

노래는 제멋에 맞게 짜여진 틀대로
정해진 장단에 삶을 마감하지만
사람은 그 어떤 틀과 장단으로도
그들의 삶을 마감할 수 없기 때문입니다.

하지만 그래도 삶이 음악 같다면
슬픈 몸짓으로 허우적대는 세상이
조금은 따뜻해지고 밝아지지 않을까
조심스럽게 염려해 봅니다.

삶

세월을 무시했더니
세월이 나를 치네

살 만큼 산 세월이라
말할 순 있지만

그 세월 뜻있게 살았다고
감히 말 못하리

술

너에게 연연하기 싫었어
하지만 널 미워한 적은 없었지
아니 널 항상 보고 싶어 하면서도
애써 외면하려 했어
반전이었지

힘들 땐 위안이 되어 주고
아플 땐 친구가 되어 주었는데
왜 마음을 닫으려 했는지 몰라
알아, 너도 힘들다는 걸
그래서 잊으려 노력했던 것 같아

미안해
잊을 수가 없었어
부담을 주려 했던 건 아닌데
기피한다고 멀어지나
아니야, 갈증은 점점 더 심해졌어

참았지
참고 또 참았어
그런데 그게 정답은 아니었어
참는다는 건 고통이야
보고픔은 그리움의 시작이지
그걸 몰랐던 거야

시를 잊고 살다

석 달 가까이
시를 잊고 살았다.
더불어 계절도 잃어버리고
감성도 잃어버리고
사랑마저 잃어버린 듯하다.

자의 반
타의 반으로 시작한
기능장에 대한 도전이
열 달이라는 금쪽같은 세월 속에
허망하게 묻히면서
모든 감각이 탈진된 듯하다.

휴일도 반납하고
휴가도 반납하고
진달래 필 때부터
단풍이 들 때까지
최선을 다했다고 장담할 순 없지만
허탈한 심정을 누를 길이 없다.

내년엔 꼭 될 거라고
잊어버리라고
위안을 주고 용기를 주고
희망을 주는 주위의 배려에도 불구하고
쉬이 잊혀지지가 않는다.

그래 다음엔 반드시 해내야지
다져보는 마음 뒤로
앞으로 얼마나 더
시를 잊고 살아야 하는가 하는
심심한 염려에 또 진이 빠진다.

시험

시험시간 20분 전
"수험생은 핸드폰 전원을 모두 꺼주세요
진동이 와도 부정행위로 간주합니다."

감독관 서슬 퍼런 목소리에
뭉그적거리며 핸드폰을 꺼내는데
케이스 한 귀퉁이가 툭 터지며
핸드폰 고리가 바닥에 내동댕이쳐졌다.

젠장 할
시험을 앞두고 이게 무슨 일이냐
액땜이냐 아니면 악의 조짐이냐

시험 종료시각까지 전전긍긍
삐질삐질 비지땀을 흘리다
에라, 나도 모르겠다 니 맘대로 해라
마음을 내려놓고 답안지를 색칠했다.

악의 조짐은
달달 외우던 문제 두 개 "나가"리 되고
액땜의 약효는
도통 깜깜인 문제 다섯 개 하늘을 날았다.

그날 오후
케이스는 왕벚꽃이 봉우리를 툭 틔우듯
핑크색으로 곱게 화장을 했다.

재활의 꿈

재활용선별장은 꿈을 꾼다.
재활용선별장은 꿈이 숨 쉬는 곳이다.
날마다 산더미 같은 쓰레기들이 모여
제 살길을 열어 달라고 악다구니를 쓰는 곳이다.

삶은 쓰레기다.
산다는 건 쓰레기를 생산하는 일이기에
지구의 삶이 이어지는 날까지
쓰레기의 꿈은 이어질 것이다.

쓰레기도 태어나면서부터 쓰레기가 아니었듯
그들이 처음부터 재활의 꿈을 간직하고 태어나진 않았을 터
할 일을 마치고 생을 다하는 날
생의 수레바퀴가 그러하듯
일반쓰레기는 매장埋葬하거나 화장火葬을 해
자연의 순회열차를 태워 명복을 빌어주고

재활용쓰레기는 유전자 검색을 하듯 족속들끼리 나누어
저마다 형형색색의 꿈을 꾸게 하는 것이다.
플라스틱은 플라스틱대로 무지개 같은 꿈을
고철은 고철대로 무쇠처럼 단단한 꿈을
병은 병대로, 종이는 종이대로
수없이 많은 혈육이 각개전투로 모여
제각기 입맛에 맞는 예쁘고 야무진 꿈을 간직한 채
재활의 길을 열어주길 기다리고 있는 것이다.

잘나든 못나든 꿈을 꿀 수 있다는 건 경이로운 일이다.
그들이 어떤 삶을 살다가 왔든 어떤 마감을 했든
물을 필요도 따질 필요도 없이
그들이 새로운 꿈을 꿀 수 있도록 인도하는 것이 최선
쓰레기들은 오늘도 재활용선별장에서
세상을 향해 다시 한 번 비상할 수 있기를 염원하며
재활의 꿈을 키우고 있다.

좋은 인연

길을 가다가 옷깃만 스쳐도
삼생에 한 번 있을까 말까 한 인연이라는데
한 하늘 아래 한동네 한 세대에 살고 있는 우리는
얼마나 많은 인연이 있는 걸까요?

인연이란 참으로 묘한 것이어서 어느 누구도
인위적으로나 의도적으로 만들 수 없는 것
원인이 있으면 결과가 있듯이
모든 인연은 인과에 의해서 이루어진다는데
인으로 이어진 연이나 인으로 이어진 과나 같은 의미는 아닐까요

길가의 풀 한 포기, 꽃 한 송이도
허투루 볼 수 없는 인연인 것을
그것이 어떤 인과에 의한 인연 일지라도
악연이 아니었으면 좋겠고
슬픈 인연이 아니었으면 좋겠습니다.

세상에서 가장 소중한 인연이 있다면
내 부모, 내 아내, 내 자손이겠지만
세상에 이렇게 고귀하고 소중한 인연만 있지는 않을 테지요
시절 인연이라는 말이 있습니다.
굳이 애를 쓰지 않아도 만나게 될 인연은 만나게 되고
아무리 애를 써도 만나지 못할 인연은 만나지 못한다는 말입니다.

마음은 쉼 없이 흐르는 강물 같아서
때론 바위에 부딪치기도 하고 보에 걸리기도 하지만
아프면 아픈 대로 슬프면 슬픈 대로 그냥 그렇게 흘러가는 것입니다.
한세상 살면서 만나는 인연들이 소중한 인연은 되지 못할지언정
얼굴 붉히지 않고 반가운 눈웃음 한 번 나눌 수 있는
그런 인연이었으면 좋겠습니다.

사람에게는 누구나 자기 자리가 있듯이
사시사철 늘 푸른 소나무처럼 있는 듯 없는 듯
그렇게 묵묵히 그 자리를 지키며
회색빛 표정 짓지 않고 슬픈 표정 짓지 않는
그런 인연이었으면 좋겠습니다.

삼생의 인연이 달이 차고 기울 듯
언젠가 온 곳으로 다시 돌아가면
흙과 물과 바람으로 다시 만날 우리들
봄바람에 꿈틀대는 새싹에게 따스한 햇살을 주듯
그런 좋은 인연이었으면 참 좋겠습니다.

시 · 박은경

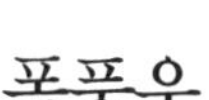

폭풍우

번쩍 번쩍 쿵 쾅 꽝
소리도 조명도 최상급 시설
천둥 번개 춤바람에
휘청휘청 온 몸을 비틀어 누이고

앞마당엔 뉘 집 쓰레기통이
뒫두리콧두리 설운 사연 고하며
뒷마당엔 바베큐 통 자리 이탈해
한데 얼려 신나게 미끄럼 놀이

이제 겨우 자리 잡은 모퉁이 텃밭
행여나 다칠세라 마음 졸이며
벽 기대고 숨 죽여 기다리는데
언뜻 쌍무지개 구름커튼 사이로
염려 말라 달래주네
한 가닥 희망

1961년 서울 출생
고교 졸업후 미국에서 어학, 교육신학 수료
계간 《문학사랑》 수필 부문 신인상 당선
(사)문학사랑문인협회, 대한사이버문학 회원
현) 미네소타 주에 거주
ugk7439@hanmail.net

같은 듯 다른 듯

십년 전 사진을 페북에 올렸다
젊어졌다고 다들 야단이다
내 눈엔 같아 보이는데

반년이나 지나버린 칠월 초
새해 계획을 생각해보니
잘 하고 있는 건지 벌써 잊었는지
쏜살같이 흐르는 나날들

어제가 오늘 같고 오늘이 내일 같은
하루하루 반복되는 일상중에
조금씩 변해가는 나의 모습
자세히 보니 살도 붙고 주름도 늘었다

앉은뱅이 풀꽃 채송화들이
지난 여름을 기억하며
어서 자라 꽃 피우기를 애쓰고 있다
싹이 나서 꽃이 피고 씨앗을 남기는
같지만 또 다른 여름이다

시 • 서병달

고독

어둠 깔린 창밖을 보며
눈물 한 움큼 떨어진 호프
잔을 든다
원맥의 쓴맛 뒤에
짭쪼름한 바다 내음새

어둠을 깔고 질주하는
음주운전자
혈중 알코올 농도는
고독

《대한문학세계》 시 부문 신인상
팔도문학, 대한사이버문학, 밀양문인협회 회원
smupil@hanmail.net

네 다리로 걷는 길

결빙된 노면 따라
네 다리로 걷는다

평평한 길에서는 아기처럼 아장아장 걷고
언덕길에서는 거북이처럼 엉금엉금 기고
내리막길에서는 달팽이처럼 꿈틀꿈틀 긴다

나 홀로 쇼가 아니다

신경은 노면에만 쏠려 있고
긴장감은 도로에 쫙 깔렸다
간혹 미끄러져 나뒹구는 차들을 보면
토네이도에도 잘 견딘 내 집이
자랑스럽다

결빙된 노면을
네 다리로 걸어갔다
두 다리로는 엄두가 안 나
네 다리로 걸었다

내게도 과거가 있었다

따스하고 밝고
화려한 과거는 아니지만
비바람 몰아치고 살을 에듯
차가운 기운만 맴돌았지만

그늘진 곳에서
밝은 곳을 향하여
굼벵이처럼 꿈틀거리며
나부댄 흔적은 있지만

차 한 잔에 목을 적시며
자랑스레 늘어놓을
무용담 한 가지 갖지 못한
패잔병 같은 인생이지만

역사에 가정이 불필요하듯
흔적과 고증만이 필요하듯이
인생에 가정은 뜬구름 같은 것
하루하루를 열심히 살며
노력하는 것만이
소용 있는 일이었지만

과거는 현재가 되어
오늘도 새벽별 바라보며
길을 나서서

주름진 나의 길
삶의 길로 간다

노예근성

눈치가 많이 늘었다
사람들의 움직임에 촉수가 예민해지고
몸에 힘이 들어간다
나이 들어오면서 감각이 진화되었을까
세월 가면서 기공이 단련되었을까
시간만 죽이면서 지나온 날들
로마 시대 노예처럼 살았는지
조선 시대 노비처럼 살아왔는지
노예근성을 깨달은 가슴속에
얼음처럼 차가운
눈물 한 방울
뚝!

단비의 맛은

하나뿐인 생명을 희생하며
청산가리 맛을 밝혀냈다는 먼 소문에
단비 맛을 규명해 보자며
빗물을 한 컵 받아 꼴깍 마셔보려다가
그 사람 흉내를 굳이 낼 일이 아니다 싶어
롤 모델을 찾아보니
금방 떠오르는 사람들이 있다
자신들이 오염시켜놓은 아리수를
국민 건강을 위해 정화해야 한다며
확성기 소음을 최대치로 높여
떠들기만 하는 사람들
확인할 수 없는 소문에 의하면
청산가리 맛을 규명한 그 사람이
타들어가는 목을 왼손으로 움켜쥐면서
일필휘지로 썼다는 한 글자는
달 감甘
단비의 맛도 달까

사는 동안

늦은 시각까지
한잔 술을 마시고 나면
알코올 기운에 체력이 부대껴
긴 낮잠도 모자라
이른 저녁잠에 빠져든다
삭신은 여전하지만
까딱없다며 큰소리하던 사람들이
밤낮을 가리지 않고 하나 둘 휑하니
떠나는 것을 보면 전율이 인다
동방삭도 시황제도 불귀의 객은 못 면했다
인생 백 년 한 번뿐인 인생
세월에 속지 말고
시간에 구애받지 말고
순간을 즐기며
여생을 살자

조립

홀소리 하나 닿소리 하나
덜컥 끼워 맞추니
그네의 얼굴이 생겼다
심장도 생기고 배꼽도 생겼다
깊은 계곡도 만들었다.

홀소리 하나 닿소리 하나
덜컥 끼워 맞추니
그네의 마음이 생겼다
사랑도 생기고 미움도 생겼다

그러나 내 마음 전할 길 없어
그 계곡에 차마 발을 들여놓지 못했네

큰 죄를 짓고 살아야 하는 이유

큰 죄 지으면 큰소리하면서 살고
작은 죄 지으면 큰집에서 산다
지을 바엔 큰 죄를 짓지
작은 죄는 짓지 마라
꼴만 사납다

회한悔恨

산을 닮고 싶었다 만년설은 머리에 이고
허리엔 초록 띠를 두르고 발아랜 따스한 햇볕
이카로스처럼 태양을 향하여 솟아오르고 싶었다

바다를 닮고 싶었다 세상을 노래하며
때로는 만인과 함께 웃고 울며 세상을 안은 채
용처럼 풍어와 풍요를 주고 싶었다

산도 닮지 못하고 바다도 닮지 못하고
슬픈 사연의 흔적마저 사라져 버린
뒷동산의 무연분묘와
죽음의 담수호만 닮았다

닮을 것을 닮지 못한 죄로
눈물 콧물 훔치면서
옛길 홀로 걸으며
회한에 젖는다

냄새

삶의 흔적 따라
사람마다
집집마다
다른 냄새가 난다
나는
무슨 냄새를
풍기고 있을까

환절기

한나절 매미 소린 여전히 여름이고
한밤중 귀뚜리는 어느새 가을이네
영롱한 아침이슬 해 뜨니 스러지고
한 여름 폭염도 처서 되니 서늘하네
검던 귀밑머리 시나브로 서리되니
매미를 탓하랴 귀뚜리를 탓하랴
해 뜨면 여름이고 달뜨면 가을일세!

1948년 인천 출생, 고교 영어교사 역임
특별법인 한국해운조합 봉직, (주)HL해운 상무이사 역임
현) 중국 (주)청도MK통상 대표이사
한국문인협회 회원, 21C 한국시인회 이사, 대한사이버문학 회원
동인시집 『마음 열고 숲에 서리라』 『들풀 소리』
『제 몫을 다한 화음』 발간
buryun@hanmail.net, 010-7105-6096

믿음의 성전

보고도 믿지 못하던
예수 시절의 우매한 자들보다
안 보고도 더 잘 믿는 너희를 축복하여
세계 5대 교회가 예 있으니
순복음교회, 금란교회, 온누리교회
영락교회, 성락교회가 그 곳이라!
불꽃 없이 불이 없고
선교 없이 교회 없다지만
모여서 은혜와 축복을 받는
"에클레시아"만 있어
하늘의 영광 보다 땅의 영화를 추구하는
사교 클럽이 되었으니
옛날 고급 옷 로비사건의 네 여인들이
모두 하나님의 한 자매라!

땅의 논리로 가늠치 못한
성긴 그물을 스치는 바람 같은 권력과
정당성의 전거인 하나님의 이름은
모든 창을 막는 방패냐?
모든 방패를 뚫는 창이냐?

밤하늘의 별처럼 반짝이던
작은 교회들의 십자가를 볼 수가 없으니
세포분열 하듯 네 살만을 쪼개지 말고
"디아스포라"가 되어 흩어지라

들로 논으로 밭으로 세상으로—

작금의 교회는
혈연, 지연, 학연 보다 더 진한
친분과 인맥을 쌓는
반석 위의 사교장일세!

*에클레시아 : "모이는 교회" 로 더불어 말씀을 듣고
은사를 받고 축복을 받는 곳.

*디아스포라 : "흩어지는 교회" 로 성령 받고, 능력 받았으면
복음을 전파하기 위해 세상을 향해 나가는 곳.

Dog Name

우리나라에선
왜?
미국사람 이름이
개 이름이 되었을까?

츄잉껌 던져 주던 헬로와
구호물자 나눠주던
파란 눈의 수녀님이 그리웠나?

John이 쫑이 되고
Mary가 메리가 되어
쓰레기통 뒤지며 헤매던 거리를
지금은 개 껌을 문 犬公이
사모님 품에 안겨간다.

이제는
“네로”와 “아로아”가 놀던
프란다스의 개 “파트라슈” 보다
더 멋진 이름으로
애견샵에서 단장을 하고 침대에서 뒹구는데
개 팔자가 상팔자인 우리나라에선
John F. Kennedy도 여전히
“쫑”이라 불리겠네!

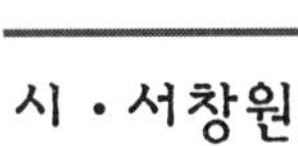

새벽녘 주차장

뒤돌아 볼 여유조차 없는 삶들이
비좁은 방 안에서 머리 위로
발 아래로 뒤엉켜 자고 있다
시커멓게 얼룩진 손발들을
미처 씻을 새 없이 곤함에 빠져
정신없이 자고 있는 그들
마치 생활고로 저수지에 투신했다
방금 건져내 풀밭에 누인
퉁퉁 불은 익사체 모습이다

1962년 강원도 철원 출생
강원대학교 식품공학과 졸업
현) 서울메트로 재직
scw62@hanmail.net

민들레 · 1

우리는 호화롭고
꼿꼿이 목 세워 사방을 두리번거리는 생활을
결코 부러워하지 않는다

아무리 바닥에 가깝고
흔하고 척박한 삶을 영위할지라도
어떠한 흔들림 없이
악착같이 살고자 하는
뿌리 깊은 의지에 큰 의미를
부여하는 생이기에

하르르 하르르 둥근 웃음을
높푸른 하늘에 띄워 보내
환한 세상을 이룰 수 있음에
무한히 기뻐하고, 감사하면서

민들레 · 2

그녀는 부모가 물려준
가난에 대해
결코 원망하지 않는다
비바람 불면
천정으로 스며든 빗물이
이불을 흥건히 적시고
전쟁터로 향하는 달음박질 소리와
추위에 신음하는 나뭇가지 소리가
여과 없이 생생히 들리는
자투리땅 귀퉁이의 흩창 안에 살아도
늘 함지박만한 웃음을 펼치고 있다
근심없는 자만이
일찍 잠자리에 들 수 있지 않던가
하루의 삶에 감사드리며
편히 눕는 그녀
미래의 하늘로 활기차게 비상할
상상의 나래를 고이 펼친 채
꿈속에 깊이 빠져있다

물푸레나무를 보면

1.
물푸레나무를 보면
고향의 추억을 떠 올릴 수 있어
고마움을 느낀다

어릴 적
얼음판에서 썰매를 타노라면
그는 꼬챙이 박힌 손잡이 되어
즐거움을 더해주는 수고를 하고

노란 고무줄 그에게 묶어
작은 돌 참새 향해
총알같이 쏠 때도
찌푸림 없이 버텨주어
기막힌 참새 맛을 보게 하였다

2.
매년 시월이면
고향집 앞마당엔
파란 천막이 펼쳐져 있었다

물푸레로 만든 도리깨로
콩대를 두들기시던 당신 곁에서
요리조리 콩콩콩 도망치는 녀석들을
안간힘 쓰며 포대에 넣던 고사리 손

어느덧 객지로 나가 그맘때쯤 집에 가면
여전히 펼쳐진 그 위에서
엄마는 긴 막대로 깨를 터셨고

어둑한 창가의 좌석에 앉은
연분홍색 보자기 속에는
고소하고 반질한 두 손길이
정성스레 담겨 있었다

요즘도 고향이 그리워 산에 올라
물푸레나무를 마주할 때면
이마에 땀 흘리며 도리깨질 하셨던,
섬섬히 나를 위해 뒷바라지 하셨던
당신들이 생각나서 울먹해진다

추석 달

큰 형님 댁에서 서울로 가기 위해
한탄강 고갯길을 오르고 있는데
예전의 잘 익은 노란 밤알보다
훨씬 더 큰 달이 하늘에 떠 있다

덩치만 커졌지 당신들이 없는
설익은 그 속에서 조금의 고소한
추억이라도 찾고자 애썼건만
싱거운 물거품만 잔뜩 뿜으며
바삐 치달려 올라왔다

지하철의 꿈

나는 용이 되지 못하고 땅 속에 숨어든
슬픈 이무기. 어쩌면, 맑은 이슬만 먹고
고상한 체하며 여의주 끌어안고 배고파하는
용보다는 아가미만 벌리면 빨려들어 오는
잡다한 관념과 사물의 플랑크톤을 배 터지게
먹고사는 내가 백번 나을지도 모르지.
하지만, 파랗게 굳어버린 꿈의 눈과
날지 못한 채 찢기어져 대리석으로 변한
날개를 볼 때면 악령이 되살아나 눈물이
절로 나오기도 하지. 게다가, 내 속에 들어온
그들도 바다로 나간다고 발버둥 칠 때면,
가뜩이나 비위 약한 나는 자극되어
울컥울컥 그것들을 토해내곤 하지.
그러고 보면, 누구나 절망했던 희망들을
죽을 때까지 잊지 못하는 것같아.
혹시 알아? 컴컴한 땅속에서 용쓰며 때를
기다리면 용 되어 하늘로 올라갈 수 있을지?

쓰레기 같은 메일만

천둥 번개를 동반한
폭우가 쏟아지며
베란다 창틈으로
스며드는 빗물

마음의 벽을 높게 쌓고 떠난
당신의 눈물인 것 같아
슬퍼진다

이런 날이면
한 잔의 커피를 나누며
사랑의 추억을
함께 쌓아갈 시간

우리의 벽을 넘어
흘러들어 올 당신의 사랑
더 이상 기다릴 수 없어
컴퓨터를 켰다

오빠 죽여줄게
한 번 눌러 봐
급전 대출하실 분
빨리 신청해 주세요

수 없이 떠내려 오는 글자 속에
짤막한 당신의 한숨 소리
점 하나 찾아볼 수 없고
쓰레기 같은 메일만…

생가 풍경

저녁 햇살에 환히 비춰지던
붉은 기와집
앞밭에서 일하시던
하얀 할머니 아버지

먼발치서도 또렷이 들리던
철철 외양간의 소 오줌소리
뒤뜰의 앵두나무 왜배나무
밤 항아리 위에 얹어놓은
한탄강 곰보 맷돌
내 입속에 쏘옥 들어오던
사랑방 할머니 사탕 한 알
먹기 싫어도 먹어야 했던
달콤한 세상
새벽 찬 기운에 간간히 들리면
아버지의 기침소리

어물통 딛고 누가 왔느냐는 듯
멀뚱히 쳐다보던 진돗개
악착같이 짖어대던 발발이
무너진 돌담 위 무성한 며느리밑씻개, 나팔, 더덕줄기
두릅나무 그늘 아래
편히 쉬고 있는 노랑가슴 새

돌 틈에서 나와 햇볕을 쬐고 있던
검고 작은 구렁이
모두 다 어디 갔는지

탁구

미치겠다
어디로 튈지 모르는
너 때문에

가끔은 화가 나
손사래 치며
잊어도 보고

얄미운 그리움
가슴에 품고파
콕콕 쥐어보지만

여전히 잡혀지지 않는
고 놈의 미련

떠나면 아쉽고
있으면 괴로운 게
사랑이라 했던가?

한순간만이라도
망각의 늪에 빠져
편해지려 했건만

아! 그곳에서까지
환한 달로 떠올라

잠 못 들게 하는

너에게
난
완전 중독되었다

노년의 기억

애는 없다
애 없는 빈 유모차를
등 굽은 그녀가 밀고 있다
아니, 손잡이를 꽉 쥐게 한 그녀를
유모차가 끌어주고 있다
젖 먹던 힘을 실어놓고
아장아장 이끌려가는 그녀
혼신을 다해 아득한 기억을 재생시키며
굳은 관절들을 풀어내고 있다

시 • 이동숙

동창회

먼지 쌓이고 지워졌던
기억을 더듬어
같이 공유했었던 시간의 추억을
오늘로 길러 올린다
희끗희끗했던 머리카락들이
다시 검게 물들고
우리는 다시
그 시절의 영희와 철수가 되었다

1960년 경남 거창 출생
제5회 수용문학 수필상(2013)
제53회 인터넷문학상(2014)
시집『말이 고픈 날』발간(2013)
한국방송대학 국어국문학과 수용미학연구회 회원
대한사이버문학 회원
dongsook1118@hanmail.net

꿈이

둘째손녀
초음파 사진을 메일로 보내왔다
태명이 꿈이란다
눈을 꼬옥 감고
두 손을 모은 채로
꿈이가 꿈을
꾼다
1.8kg이란다
꿈이 작은 궁에서 자라고 있다
이토록 가슴 벅찬 일이
또 있을까
꿈
꿈이란다

엄마 마음

통화 괜찮니
밥은 먹었고
복숭아 알레르기는 다 나았니
그래
네가 좋으면 난 다 좋아
어 그래 들어가라

딸

작은 그리움 조각 하나가 딸려 나와
이름을 딸이라 했다지
자꾸만
마음이 바깥쪽으로 기운다
나보다 먼저 아프고
나보다 먼저 그리워하고
나보다 먼저 나를 찾아온다
나 닮은 조각 이름
딸

임시버스정류장

오른쪽으로 굽어
발랑리로 들어가는 농로 건너편 언덕
임시버스 정류장
언젠가부터 낡은 자전거 한 대
서 있었다네
산모퉁이 집 외아들이
비 오던 날 밤에 두고 길 떠났다네
한동안 바람에 실려 소문만이 흔들리다
녹슬고 허물어져 갔다네
어떤 여름날
고물상 트럭에 실려서 사라졌다네
임시버스정류장도 없어지고
그 자리엔
자동차용품을 파는 봉고차 한 대가 자리를 잡고
목발을 짚는 남정네가
먼지 날리는 의자에서 라디오를 듣고 있다네

목화솜 이불

친정엄마가 시집 올 때
직접 놓아준
목화 솜이불을 틀었다네
두껍고 무겁던 한 채의 이불이
말끔하게 단장하고 세 채가 되었다네
분홍 홑이불을 씌워서
그 옛날
내 어머니가 내게 주었듯이
시집가는 딸에게 주었다네

가을이 오고 있습니다

가을이 오고 있습니다
뒤뜰 밤나무에서
밤톨 하나가
또르르 굴러 떨어졌습니다
올 들어 처음 줍는 가을입니다
긴 가뭄을 견딘
벼 이삭들이 굵게 여물어 가고
머루포도는 자색으로 더 짙어
배고픈 까치들이 동네잔치를 열었습니다
땅 내음 맡은 김장배추는
하루 다르게 자라고
늦봄에 담갔던 매실 청이 향기를 더합니다
둘째를 가진 딸아이의 배가
보름 달 마냥 곱습니다
한가위 즈음엔
달덩이보다 예쁜 손녀를 보겠지요
이렇듯
가을이 빨리 달려오고 있습니다

시조 • 이상야

어른 대접
— 고서

일렬로 빼곡하게 어떤 것은 얹혀있고
귀 닳고 이 맞지 않아 몸치장은 고사하고
아물지 않은 상처가 거적처럼 나달댄다.

한 때는 천대받아 갈 곳 없어 뒹굴다가
눈 밝은 주인만나 제자리를 잡았다.
누구든 제철 만나면 저리 펄펄 뛰는 것을

볼품없는 모양새로 몸은 비록 흘림체나
속살은 야무져서 그 향기가 오래가고
귀하신 말씀 말씀은 뼈 속을 파고든다.

경기도 용인 출생
열린시조학회, 한국시조시인협회 회원
한국문인협회, 대한사이버문학 회원
《문학사랑》으로 등단
시집 『풍경소리』 발간
l5725@hanmail.net

다시 일어서는

눈 맛을 유혹하는 맛깔스런 반찬도
빈 젓가락 몇 번이고 헤집다 놓고 보면
푸성귀 조촐한 밥상
눈에 밟히는 핏줄들

허기로 익숙하고 빈곤으로 찌들어 버린
지난날의 아수라장,
다독이는 아침 햇살
구두끈 바투 잡아매며 다시 무는 어금니

진정한 가장은 파도치듯 일어선다.
한 번의 헛발질로 송두리째 날렸어도
발꿈치 높이 들면서 수탉인 양 가슴피고

겔 그리고 졸

얼음 녹은 시냇가
64분 음표 뛰 논다

쪼
　르
　　륵
나무타고 내려 온 다람쥐

신나게
탭 댄스 춘다.
들녘 모두 일어선다.

엄마를 만나다

— 대한민국 대표국수 집

그 집에 들어서면 냄새가 먼저 반긴다.
빼곡한 손님들 사이 국수대접 바쁘고
소복한
고명 아래에
찰진
아! 고향의 맛

뽀얀 연기 가득한 주방안의 분주함
오래 끓인 멸치육수 구수함의 비법이다.
줄줄이 이어진 행렬 입맛을 북돋워준다.

비빔국수, 잔치국수, 칼칼한 김치수제비
손맛이 더해주는 쫀득쫀득한 밀 반죽
여기서 엄마를 만났다.
따스함을 만났다.

해돋이

"으"라차차
파도치며
동이 트는 저 수평선

산골짜기
얼비치며
"오"하고 날이 새고

"요"하고
기지개 켜는
도시의 아파트단지

갈대

은 백발이 다 되어 허리 숙인 누런 죽지
앙상한 뼈대만을 비벼대며 남은 시간
안으로 삭이던 더위 갈바람에 실어 보냈다.

쓰러지고 일어서던
반복된 고통의 날들
텅 빈 가슴속에 순종만을 안고 살던

그대는
가을의 미덕
흔적 저리 놓고 갔다.

시 · 임동미

잊은 듯 다가서다 멈춰

잊은 듯 다가서다 멈춰
네 살에 묻혀 뼈의 두께를 재며
네 속에 흐르는 피 냄새를 그리워하지

바람이 분다고 하는 당연한 현실 앞에
묵묵히 걸어가는 네 옷깃엔
추억이란 이름도 과거라는 현실도
흐르는 물살에 던져버림을
진실이라 했지

갈색 동공 속 새겨진 상처만
더는 기억하지 않기를
바닥에 코를 박고 엎드렸다고
묻혀질 아픔은 아니라는 걸 알기에
햇살에 아픔은 아니라는 걸 알기에
햇살에 번지는 미소로 생을 살아갈 뿐

현) 군포시 거주
대한사이버문학 회원
idm1205@hanmail.net

시간에 밀려 떠나온 날들은
별을 그리워하고
창공을 떠도는 무수한 이야기를
가슴으로 들어야 하는 육신의
헐거움이지

잊은 듯 다가서다 멈춰
네 살 속에 묻힌 뼈의 두께를 재며
네 속에 흐르는 피 냄새를 그리워하지

사이

풀벌레 소리… 비행기 소리
윗집서 들리는 간헐적인 외침들
밤이 익어가는 중이다

여린 가지에 열매처럼
때론 뜨거운 볕 아래
매몰찬 바람 앞에 안간힘으로
흘러내리는 머리카락 사이
흐르는 시간을
마주하고 익어가는 중이다

시련이 빚어낸 빛들이 모여
생명을 키우듯, 벌레소릴 들으며
지나는 자동차 소리와 더불어
잡히지 않는 소소한 일상들 속에
사랑도 익어가는 중이다

지나고 지난 후에

여우걸음으로 다가오는 봄결을
나는 무시하기로 했다

바람이 전하는 소식은 아름답다 못해
서러울 테니
눈을 감고 걷는다 해도
햇살은 눈부시고 바람은 차가울 터

기다림이란 설레는 고통
지나고 지난 후
한줌 흙으로 돌아간 네 그림자조차
그리울 때

4월의 새순들은 경이롭다 못해
서러울 테니

시 • 천홍자

흔들리는 서울

서울의 꿈이 잠들어버린 한강
사람들이 거미줄에 매달려 곡예를 한다.
구인광고 벽지 판에 비가 내리고
믿는 도끼에 발등 찍힌 사람들이
시린 가슴이 흠뻑 젖도록 술을 마신다.
속는 자와 속이는 자가 공존하는 서울
오늘도 무사히 살아남기 위해
시간은 정해진 길을 가고 있을 뿐이다.

1959년 경북 봉화 출생
《문학사랑》 수필부문 신인상 수상(2008년)
《휴먼 메신저》 봄호 시 부문 신인상 수상(2009년)
(사)문학사랑문인협회, 대한사이버문학 회원
kr6815@hanmail.net

꽃을 피우기 위해

오늘도 누운 사람 위로 해가 뜨고
사람 너머로 해가 진다.

오늘은 누구를 만나
세상을 예쁘게 살아가는 법을 배울까
누구를 만나 따뜻한 가슴을 나눌까

별을 따라가면 추억을 만나고
달을 따라가면 그리움을 만난다.

지난겨울 꽁꽁 언 별 속에서
다시 피어나는 민들레를 보기 위해
봉화가시네는 그렇게 힘이 들었나 보다.

언 하늘을 바라보며 봄비를 기다렸던 날들
어디든 물 흐르는 곳으로 떠나고 싶다.

푸석한 하루

커피물이 몇 번이나
끓었다 식었다 했을까
이제 겨우 커피 한 잔을 들고 앉았다.
김이 나는 차 한 잔처럼
뜨거운 하루를 살고 싶은 의욕도 잠시
건조해진 눈빛 사이로 말갛게 들어오는 풍경들
햇살에 눈이 시려
구석으로 파고드는 마음 알기나 할까
푸석해진 머리카락
식어가는 몸뚱아리
손발이 차가워져도
따스한 가슴이 있으니
그래도 살아볼만한 게 아닌가.

봄은 가고 있는데

온 천지가 꽃이다.
봄이 오는지 꽃이 피는지
모두가 주식 탓만 하고
경제 탓만 하고 있는 사이
꽃이 피어도 꽃을 보지 못하고
해가 지는지 달이 뜨는지도 모른다.

무엇에 홀리어 살아가는지
무엇에 쫓기어 달아나는지
있는 그대로를 보지 못하고
민들레는 진달래만 바라보고 있다.

시 • 최춘자

교감交感

별을 사랑하면
별에 갈 순 없어도
별이 된다

간절히 끌어안으면
나무는 못 되어도
나무가 내는 소리를 듣는다

하물며
사람을 사랑하는 일에 장애가 있으랴
극진하다면야.

필명: 모은慕恩, 전남 영암 출생, 현) 미국 뉴욕 거주
시집 제1집 『삶이 없어도 그대 사랑이라면』
제2집 『내 사랑이 머문 자리』 제3집 『오직 사랑 하나로』 발간
《문예춘추》 신인문학상 등단, 대한사이버문학 회원
매월당김시습문학상, 연암문학예술상 수상
미국에피포트문학상 수상
ccj312@hanmail.net

풀을 뽑으며

꽃밭이 풀밭이다
풀을 뽑는다
연한 풀대 스러질 듯
저항한다
우두둑
뽑히며 아우성친다

꽃밭이 환하다
삽시에 나동그라진 풀들
풀도 꽃인데
꽃을 보기 위해 꽃을 쳤구나
능멸이다

그 사람도
풀처럼 아팠을 것이다
존재 자체가 꽃 아니더냐
눈 먼 행패에
그가 울고 있다
뿌리째 떤다.

덧없다 하여도

꽃 피고 지는 세월
계절도 덧없어
봄바람도 저만치
발걸음이 휘청거린다

절정인 줄 모른 채
층계를 올라
마침내 아스라한 벼랑으로
낙화하는 봄꽃들

열정 두른 세상인들
낙원만은 아닐지라
머물지 않은 삶이란
애초에 잘못 들어선 이방인

바람아 그래도 다시
햇빛을 담고 구름 모아
죽어 가는 슬픔도 감사할
사랑이라 말해다오

여행길 가다가다
구겨진 상처 지우고
작은 꽃송이 가슴에 품어
웃음꽃 다시 피도록

성스러운 하늘이
축복으로 내릴 즈음
류마티스 두 손 기도에도
임은 항시 내게 머문다고.

그릇

맑은 하늘
그릇 한번 크기도 크다
하늘에 맞먹을 그릇의 임자는 땅이다
하늘과 땅 사이
왕 그릇들 사이에 끼어 사는
나의 그릇은 비루하다

그릇이 깨알처럼 작다는 것
모든 문제는 여기서 시작된다
그릇이 좁아 사랑도 희망도 담지 못한다
슬픔과 고통을 채우지 못한다
남의 사정 모른 채 오기를 부리고
분노로 휘청거리고
비천한 눈물을 흘리고
작은 그릇을 꿰찬 나여! 가관이구나.

그릇을 요강단지처럼 걷어차고
제 그릇 가난한 사정 모르고
남의 그릇만 탓한다
문제는 결국 그릇의 크기다

밝히면 밝히는 대로
서러우면 서러운 대로
왕그릇은 태연하다
흔들릴 게 없다

삶의 바탕이 이미 그러한 것을
왕 그릇은 안다

저기 하늘 그릇 참 크기도 하다.

고백

당신이 아파 나도 아프다고
차마 그렇게 말하진 못하겠어요
그래도 하고 싶은 말 있어요
힘들게 하지 않을게요

등을 후려치는 장대비
걸음걸음마다 멍드는 가시밭길
악몽으로 이어지는 벼랑길
현기증으로 어지럽지만
울먹울먹 당신의 가슴 무너지지만
다 지나갈 거예요

조금만 견뎌줘요
저물녘 강물 가에 번지는
쓸쓸한 바람처럼
생활이란 슬픈 흔적이네요

그래도 당신 곁에 있어서
얼마나 고마운지
손잡고 걸어온 길 얼룩졌지만
후회 없이 하늘을 바라봐요

설렘으로 아침을 맞이해요
아프지 마세요
슬퍼 말아요

조금만 견뎌줘요
힘들게 하지 않을게요.

불안

아픔은 안에만 있지 않다
살갗으로 번지는
무당벌레 같은 반점들
피부병에 골병든 나날들

몸이 장엄한 세계라고?
달걀껍질보다 얇은 살갗을 보라
터질 듯 겨우 견디는
물 풍선 같은 육체를 보라
한 겹 살가죽에 뒤덮인 불안을 보라

염증은 곤충처럼 피부를 파고들고
대체로 늘 그러했듯이
고난이 삶을 이끈다
살갗으로도 고통이 틈입한다는 걸
뒤늦게 알았을 뿐이다

몸의 외부가 통째
하늘 아래 떨고 있는
불길한 예감인 것을
뒤늦게 알았을 뿐이다.

초가을

저 가뿐한 구름은
흘러 흘러
어디로 가시나

저 푸른 하늘엔
어떤 향기 깃든
낙원이 펼쳐졌을까

이른 초가을
아리따운 하늘
신성한 풍경에

가슴 뭉클해지고
그대 향한 그리움 한줄기
허공으로 뻗쳐오르니.

시 · 황의진

독개다리

독개다리 철길 따라
칙칙폭폭 시커먼 연기 속으로
사라져간 내 아들아
마지막 모습 지금도 적벽에 웃고 있는데
이제는 칙칙폭폭 연기도 없고
기다리다 기다리다 할머니 되어
독개다리 난간에 주저앉아
멍든 가슴에 흐르는 눈물
푸른 강물에 출렁이네

일사후퇴 유엔군 따라
열네 살에 독개다리 넘었는데
기억 속의 고향산천
개떡을 싸서 허리춤에 달아주던 어머니
이제는 생사도 소식도 알 수 없고
떠돌다 떠돌다 백발이 되어
독개다리 난간에 엎드려

1944년 7월 4일생
직업 : 황포농산 경영
시집 『임진강』 발간(2013)
《문학사랑》 52회 인터넷문학상 수상(2014)
문학사랑문인협회, 대한사이버문학 회원
hej4@hanmail.net, 010-2624-2549

어머니 향해 흘리는 눈물
푸른 강물에 출렁이네

반세기 지난 독개다리
디젤엔진 힘차게 달리는 기차
개성공단 남북화해
오고가고 남북의 길 이어지고 있는데
오는 소식 가는 소식 전할 수 없고
기다림도 찾을 길도 막혀
애만 태우는 독개다리에
갈매기 한가로운 모습만
푸른 강물에 출렁이네

임진강

나는 임진강을 사랑한다
임진강에서 태어났고
임진강에서 6.25 참변을 겪었고
임진강에서 늙어가고 있다

나는 임진강을 맴돌고 있다
갈 줄도 모른다
갈 곳조차 없다
임진강이 없는 내 인생은 상상도 못해봤다

임진강에 황혼이 내리면
나는 강가에 서서 소리친다
내가 바로 기적이요
내가 바로 걸어 다니는 소설이다

귀뚜라미

점심 후
농막에서 커피 한 잔 마시는데
식탁 밑에서
귀뚜라미 한 마리 나온다

나를 멍하니 쳐다보더니
날개를 쭉 펴서 기지개치고
통통한 넓적다리
날개에 살살 문지르더니
뜨르르 뜨르르

엉덩이를 흔들며
다시 기어들어간다
내가 외로울 때 같이 울어주던
그때 그 놈이구나

꿈

어젯밤
아내가 다니러 왔다
방바닥에 긴 머리카락을 보고는
"여자 생겼나 보네"
나는 정색을 하고 손을 내저었다

당신 떠나고
내가 이런 말을 했지
또 결혼한다면
총에 맞아도 죽지 않는
그렇게 튼튼한 여자라야 한다고

그랬더니 어느 날
탱크 같은 여자를 소개하는 거야
나는 그 탱크를 보는 순간 겁이 나서
당신이 보고 싶어지는 거야
그래서 거절했지

지금은
작고 걸어 다니는 종합병원 같은
당신 꼭 빼닮은 여자가
말동무 글동무 하는 거야
그 이상도 이하도 아니지
아내는 웃으며 문을 열고 나갔지

벌초

나는 아내가 사는 집에
정원을 다듬어 주러 갔다
아내가 화사하게 웃으며
반갑게 맞아주었다
나는 온종일
잔디를 깨끗이 다듬어 주었다
그리고 아내에게
내가 가지고 온
술잔을 건넸다
아내는 다소곳이 받아 마시고는
술잔을 내밀었다
나를 물끄러미 바라보더니
웃으며 마시라고 했다
나는 한잔 받아 마시고
아내의 배웅을 받으며 돌아섰다
눈가에 이슬이 맺힌다

여자

가다가
여자를 만나면
일이 꼬이거나
혹은 잘 풀리거나

가다가
여자가 끼어들면
웃거나
혹은 분개하거나

가다가
여자를 안으면
균형이 깨지거나
혹은 눈물을 보이거나

추석 차례 상

아내가
방으로 들어왔다
내가 손수 차린 상 앞에 앉아서
나를 물끄러미 쳐다본다
나는 너무 반가워서
넙죽 절을 했다
"여보 왜 이래요 같이 앉아요"
나는 마지못해 마주 앉아서
아내 먹는 입만 쳐다보았다
아내는 내 손을 잡으며 같이 먹자고 했다
나는 송편 한 조각 입에 넣고는 목이 메었다
아내도 눈물을 보이더니 일어섰다
아내가 가는 뒷모습을 바라보다
마침내 울고 말았다

동창

친구야
옛날의 그 모습이 아닌데
그래도 우리는 옛날의 친구
그때의 흔적은 사라졌어도
마음속에 옛날이 남아 있는 우리
그때처럼 어깨동무 아니어도
옛날의 체온이 남아 있는 우리
우리의 얼굴에
그때의 동심이
자꾸만 자꾸만 떠오르는 우리

머루

머루가 까맣게 익었다
새들이 모여 잔치한다.
올해는 쫓지도 않고 소리도 안 질렀다.
다 먹고 전깃줄에 앉아 노래한다

나를 보자
모두 엉덩이를 치켜들고
고개 숙여 인사하고는
하늘로 날아올라 에어쇼 한다

샛강

바닷가에 오면
항상 가슴이 뛴다

그러나 때론
샛강이 그리울 때가 있지

웅장함과
아기자기함의 조화이지

수필

수필 · 박덕균

물은 생명이다

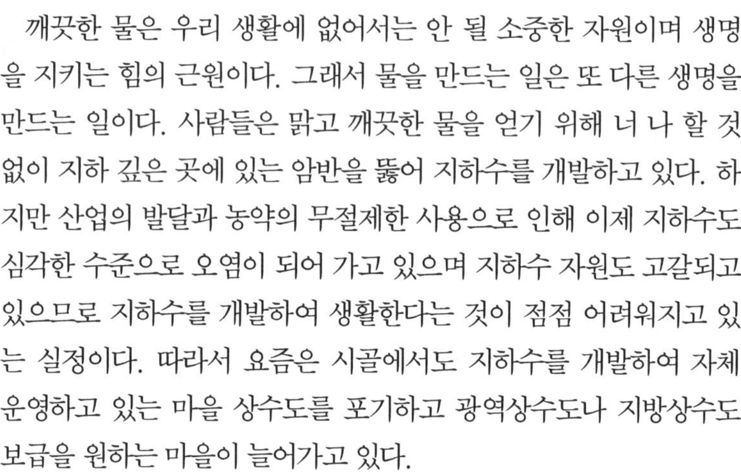

깨끗한 물은 우리 생활에 없어서는 안 될 소중한 자원이며 생명을 지키는 힘의 근원이다. 그래서 물을 만드는 일은 또 다른 생명을 만드는 일이다. 사람들은 맑고 깨끗한 물을 얻기 위해 너 나 할 것 없이 지하 깊은 곳에 있는 암반을 뚫어 지하수를 개발하고 있다. 하지만 산업의 발달과 농약의 무절제한 사용으로 인해 이제 지하수도 심각한 수준으로 오염이 되어 가고 있으며 지하수 자원도 고갈되고 있으므로 지하수를 개발하여 생활한다는 것이 점점 어려워지고 있는 실정이다. 따라서 요즘은 시골에서도 지하수를 개발하여 자체 운영하고 있는 마을 상수도를 포기하고 광역상수도나 지방상수도 보급을 원하는 마을이 늘어가고 있다.

광역상수도나 지방상수도도 예전에 비해 인식이 많이 달라지고 있다. 수 처리 기술이 엄청나게 발달했을 뿐만 아니라 노후시설은 정비하고 노후관들을 교체하여 가정까지 보급되는 수돗물이 많이 깨끗해졌기 때문이다. 서울시에서는 고도처리 된 수돗물을 만들어 아리수라는 상표로 시중에 판매까지 하고 있으니 수 처리 기술이 얼마나 발전했는지 보여주는 좋은 예가 되고 있다. 한 가지 아쉬운 점이 있다면 오래된 건물들의 내부 배관들이 교체되지 않고 있다는

1963년 경기도 여주 출생, 여주고 졸업
현) 여주시청 재직
계간지 《문학사랑》 시 부문 신인상 당선(2012)
(사)문학사랑문인협회, 대한사이버문학 회원
시집 『송전탑은 거기에 있었다』 발간(2015)
pdkun@daum.net

것이다. 예전에 지은 건물들은 대부분 수도관을 아연도금강관을 사용했는데 이 관들의 내부는 부식이 어마어마해서 그 관을 잘라서 본 사람들이 있다면 그분들은 절대 수돗물을 먹으려 하지 않을 것이다. 따라서 깨끗한 수돗물의 공급을 위해서는 이 문제를 꼭 해결할 수 있도록 노력해야 할 것이다.

수돗물을 만드는 과정을 간단하게 살펴본다면 다음과 같다. 우선 깨끗한 물이 흐르는 강변주위를 상수원보호구역으로 지정하고 그 지역에는 강물이 오염되는 시설 등을 배제하거나 부득이한 경우 오염의 원인이 되는 하수나 오수를 하수종말처리장으로 유입되게 하여 가능한 오염되지 않은 물을 확보하는데 힘을 쏟고 있다. 그런 깨끗한 곳에 충분한 물을 채수할 수 있는 취수틀을 만들고 그 물을 취수장에 있는 흡수정으로 유입시켜 펌프를 가동하여 정수시설이 있는 정수장의 착수정으로 보낸다. 정수장에서는 착수정으로 유입된 물을 혼화지로 보내 이곳에서 PACS라는 응집제를 혼합하여 응집지로 보내 물에 섞여 있는 불순물들을 응집시킨다. 물론 강물의 오염도에 따라 활성탄을 함께 혼합하는 경우도 있다.

응집제와 불순물들이 반응하여 플록이 생기면 이것들은 침전지를 통과하면서 바닥으로 침전되며 침전지 위의 깨끗한 물만 여과지로 보내고, 여과지에서는 침전지에서 유입된 물을 다시 한 번 수 처리를 하여 맑고 깨끗한 물만 배수지로 보내는 것이다.

간단하게 살펴보았지만, 그 과정들에는 세세하게 설명할 수 없는 수많은 과정들이 있다. 침전되어 가라앉은 불순물들을 제거하기 위하여 주기적으로 밸브를 열어 인발도 해야 하고 여과지로 유입된 불순물들을 제거하기 위하여 여과지 역세척도 주기적으로 해야 한다. 물을 소독하기 위하여 염소처리도 해야 하는데 이것도 전 염소처리와 후 염소 처리를 병행하여야 한다. 침전지 인발작업과 여과지역세척으로 버려지는 불순물들은 물과 함께 배출수지에서 다시 한 번 침전을 시키고 여기서 불순물이 제거된 물은 다시 착수정으로 보내 또 한 번 재생산 과정을 거치게 된다. 배출수지에서 제거된 불순물들은 농축조로 보내지게 되는데 이 최종 종착지인 농축조에 모아 둔 불순물들은 탈수기에서 탈수작업을 거쳐 물이 제거된 불순물을 케이크 형태로 만들어 순수 불순물만 버리게 되는 것이다. 여기서도 물론 물은 다시 착수정으로 보내 또다시 재생산 과정을 거치게 된다. 따라서 정수장에서는 정수장으로 들어온 강물을 한 방울도 버리지 않고 모두 수돗물을 만들고 있으니 간단하게 살펴본 과정이라 해도 수돗물 생산에 얼마나 심혈을 기울이는지 짐작이 가고도 남을 것이다.

이런 많은 과정들도 장마 때나 갈수기 때는 더 정교한 작업과 기술을 요하고 있다. 모든 과정이 순조롭지 않고 조금이라도 잘못되면 단수를 하게 되어 주민들이 큰 불편을 겪을 것이기 때문이다. 물은 우리 생활에 없어서는 안 될 필수품이라는 것은 누구나 다 아는 것이다. 그러나 우리는 물을 소중하게 생각지 않는다. 너무 쉽게 대하고 너무 많이 버리고 있다. 먹고 마시고 씻고 싸는 일을 평상시 소중하게 생각하는 사람들이 드물기 때문이기도 하지만 물의 값어치가 너무 없기 때문이기도 하다.

물은 우리의 생명과 직결되어 있는 소중한 자원이다. 물이 없는 세상을 상상해 보라. 생각만 해도 끔찍하다. 그래서 우리는 물을 함부로 쉽게 대해서는 안 되는 것이다.

물은 생명이다. 우리가 대대손손 맑고 깨끗한 물을 누리기 위해선 우리 모두 노력해야 한다. 함부로 버리거나 오염시키거나 하는 일을 자제해야 한다. 그렇지 않으면 우리는 가까운 시일 내에 물 때문에 큰 어려움을 겪게 될 것이 명백한 사실이기 때문이다.

또한, 물을 만드는 일을 하는 사람들은 생명을 만드는 일이기에 자부심과 긍지를 가지고 매 순간 열심히 일해야 할 것이다. 한순간의 실수가 주민들의 생명과 직결되는 일이니만큼 내 가족 내 친지들을 대하듯 따뜻한 마음으로 해야 할 일이다.

파리에 대한 단상

현재 내가 근무하는 곳에는 쓰레기매립장과 재활용선별장이 있다. 이 때문에 날씨가 더워지면 악취가 심해지면서 제일 먼저 파리가 득세를 한다. 2주에 한 번씩 방역차가 와서 살충제를 뿌리고 가지만 연일 이어지는 쓰레기 더미에는 별반 효과가 없다. 그래서 그중에도 가장 골칫거리가 악취와 파리이다. 파리가 득세하기 시작하면 사무실 문도 열어 놓기가 불편하고 자동차 문도 열어 놓을 수가 없다. 일례로 어떤 사람은 운전 중에 파리를 쫓으려다 교통사고를 냈다고 하지 않은가. 그만큼 파리의 생명력은 끈질기며 귀찮은 존재다. 저 멀리 이국에 있는 체체파리처럼 생명을 위협하는 파리는 여기에 없지만, 이곳의 집파리는 예로부터 인간과 밀접한 관계를 가져왔다. 이들은 각종 질병 즉 장티푸스 · 결막염 · 콜레라 · 결핵 · 회충 · 이질아메바 등의 전파자인데, 그것은 이들이 음식물뿐 아니라 사람과 동물의 변(便) · 고름 · 뇨 등도 섭취하고 반 고체성 먹이를 취할 때 소낭(嗉囊)의 내용물을 토하는 습성이 있으며, 병원체 운반에 적합한 몸 구조를 가진 데 연유한다고 한다. 그래도 남의 소중한 피를 빨아먹는 모기보다는 조금 낫다고 생각하면서 나름대로 위안을 해 보지만 시간이 갈수록 짜증이 나는 건 어쩔 수 없는 일이다.

평상시 업무를 볼 때나 책을 볼 때는 파리에 대해 별로 신경을 쓰지 않는다. 눈앞에서 어른거리거나 몸에 달라붙어 귀찮게 할 때도 팔을 휘저어 쫓아 버리거나 간혹 손으로 파리를 잡았을 때도 그냥 놓아주는 편이다.

같이 근무하는 친구의 말처럼 전에는 손으로 잡은 파리의 날개를 떼어서 놓아주곤 했는데 어느 날부터 파리에게 몹쓸 짓을 하는 것 같아서 그런 행위는 접은 지 꽤 오래되었다. 얼마 살지도 못하는 미물이 아닌가. 그런 하찮은 미물에게 고통을 주고 장애자를 만들어 평생을 고통 속에서 살게 하는 것이 마음에 내키지 않아서이다.

오늘도 파리는 오랜만에 독서 삼매경에 빠진 나를 몹시 귀찮게 하고 있다. 나는 평소 변덕이 심한 편은 아니지만 참는 데도 한계가 있는 법이다. 독서가 어느 정도 진행되며 눈도 어리어리해지고 슬슬 짜증이 나면서 책을 내려놓고는 스스로 이렇게 말하며 불같이 일어나 파리채를 휘어잡는다.

"이젠 더 이상 네놈들의 패악을 좌시하지 않겠다."

파리채를 들고 파리를 찾는다. 그런데 파리가 없다. 그렇게 많던 파리들이 온데간데없이 사라진 것이다. 한낱 미물인 그들도 생명의 위협은 공포로 다가오는 것인지 스스로 제 몸을 감추고 얼씬도 하지 않는 것이다.

생명이란 이런 것인가? 하니 가슴 한구석이 찡하다. 그래도 이놈들에게 죄를 물어야 한다는 생각이 앞서 파리를 찾아다닌다. 하지만 몇 마리 찾지도 못하고 바로 포기를 하고 만다. 다시 나타나면 절대 가만두지 않겠다는 생각을 곱씹으며. 파리는 파리채 하나로 생명을 다하기도 하고 살충제를 맞고 생명을 마감한다.

하지만 세상을 살다 보면 파리만큼도 못한 악당들이 세상을 좀먹고 있다는 생각을 하게 된다. 살인을 하고 방화를 하고 서민들의 고혈을 빨아먹는 악당들이 있는가 하면 아무것도 모르는 어린이들을 유괴하고 몹쓸 짓을 하고 아무 관계도 없는 불특정 다수에게 해를 끼치는 악당들이 너무 많다.

그러나 그들은 아무리 중한 죄를 지어도 바로 생을 마감하지는 않는다.

인간의 존엄성이란 그들에게 해당되지 않는 것인데도 말이다. 감금하고 재판을 해서 형을 집행하면 무슨 소용인가. 그들은 교도소나 감호소 같은 곳에서 행동의 제약은 받지만, 나라의 세금으로 삼시 세끼 꼬박꼬박 잘 먹고 잘 살고 있다. 그렇다면 아무 죄 없이 해를 입은 사람들은 어디에서 어떤 보상을 받는다는 말인가. 더욱 가슴이 아픈 것은 그들이 생을 마감해도 지우지 못할, 되돌리지 못할 해를 입은 사람들에게는 아무것도 돌아오지 않는다는 것이다. 그들은 사는 동안 고통과 슬픔을 끌어안고 사는 것밖에는 아무것도 할 수가 없다. 그들이 왜 그런 삶을 살아야 한단 말인가. 어쩌면 세상은 파리만큼도 못한 목숨을 파리만큼도 못한 짐승들에게 유린당하고 있는지도 모른다는 생각이 든다.

슬픈 현실이다. 물질 만능 시대에 세상은 더욱 각박해졌고 경제 발전은 이루었지만, 가족 간의 이웃 간의 정은 점점 사라지고 있고 사회에 대한 도덕성은 무너지고 있다. 하찮은 미물이라도 자기들끼리는 목숨을 담보로 해를 끼치지는 않는다.

며칠 있으면 지방선거를 치러야 한다. 어느 누가 당선되던 그들에게 세상이 좀 더 밝아지기를 기대하는 이는 아마도 극히 드물 것이다. 그들이 자신의 욕심을 버리는 일은 절대로 없을 테니까.

아무튼, 잠시 뒤 아들과의 점심 약속이 있어 일단 파리에 대한 단상을 여기서 접으려 한다. 다만 삶이 윤택해진만큼 사람들의 마음도 더욱더 윤택해져서 서로 웃으며 더불어 사는 세상이 하루빨리 왔으면 하는 바람을 실어본다. 그리하여 밝고 명랑한 깨끗하고 따스한 정이 철철 넘치는 그런 세상이 되었으면 좋겠다. 이 욕심이 나 혼자만의 서글픈 욕심이 아니길 염려하면서.

수필 · 박은경

축제의 꽃, 퍼레이드

살다 보면 가끔 예상치 못했던 행운을 잡는 일이 생기곤 한다. 지난 토요일 아침 급하게 동생에게 부칠 편지가 있어 일하다 말고 우체국에 갔다. 마침 이번 주말이 매년 여름 마을 축제가 열리는 주말이라 길거리는 사람들과 차량으로 북적거렸다. 우체국 앞길에는 행사 관계자가 주차 차량을 통제하고 있었지만, 난 우체국에 잠깐 들렀다 바로 간다고 말하고 사람들을 피해 조심스럽게 운전해 들어갔다. 곧 편지를 부치고 돌아서 나오려는데 아뿔싸, 이미 거리 행진이 저 끝에서 시작되었고 난 꼼짝없이 갇히고 말았다. 내가 아무리 눈치가 없고 바쁘다 해도 이미 양옆으로 늘어선 사람들의 물결을 헤치고 나갈 용기는 없었다. 덕분에 생각지 않았던 마을 행사에 관객으로 참석하게 되었으니 이제 마음을 비우고 즐기는 수밖에. 나는 미니밴의 뒷문을 열어놓고 걸터앉아 편한 자세로 각양각색의 행렬을 즐거운 마음으로 지켜보았다.

첫 번째로 등장한 팀은 미국 성조기를 포함해 여러 개의 깃발을 든 기수대가 제복을 갖춰 입은 군악대의 행진곡에 맞춰 선두로 지나갔다. 그 뒤를 인디언 깃발과 화려한 머리장식을 한 인디언 추장 행렬이 지나가고, 십여 대의 불자동차들이 요란한 사이렌을 울리며

1961년 서울 출생
고교 졸업후 미국에서 어학, 교육신학 수료
계간 《문학사랑》 수필 부문 신인상 당선
(사)문학사랑문인협회, 대한사이버문학 회원
현) 미네소타 주에 거주
ugk7439@hanmail.net

우리를 놀라게 했고 마차에 탄 서부 개척자들의 행렬에서는 추억의 서부영화를 보는 느낌이었다. 대형 플롯(float)에 탄 재향 군인회 군인들이 각 군을 대표하는 깃발과 멋진 제복을 입고 손을 흔들며 지나갔다. 사람들은 모두 손뼉을 치며 환호를 하면서 함께 즐거워하며 행렬을 지켜보았다. 그 뒤에는 직접 조립해 만들었다는 모델T 자동차들과 앤틱 자동차들의 행렬이 있었고, 인디언 복장을 하고 오토바이를 탄 바이커들이 뒤를 따랐다.

다음은 북부의 전설인 거인 목수 폴 버니언이 대형 도끼를 들고 빨간 웨건(wagon) 위에서 손을 흔들었고, 제복의 보안관들은 늠름한 모습으로 말 위에서 깃발을 들고 있었다. 빨강 파랑 불을 번쩍이며 지나는 경찰차들 뒤로는 꼬마 사륜 오토바이에 어린아이들이 타고 있었고, 이민 온 스코틀랜드 사람들은 전통 복장에 백 파이프 연주로 흥을 돋구었다. 한 가지 색다른 것은 거의 모든 단체마다 사탕이나 비즈 목걸이 같은 작은 선물들을 한 주먹씩 주위 사람들에게 던져주는데 구경꾼들이 다 주워 가지 못할 만큼 그 양이 많아 다음 행렬이 밟고 갈 지경이었다. 어느 팀은 플라스틱 용기에 든 얼음과자를 주변에 돌아다니며 구경꾼에게 나누어 주기도 하였고, 빵집 아저씨는 달달한 미니 도너츠를 트럭에 싣고 지나가며 하나씩 나누어 주기도 했다. 야생 동물 보호가 단체에서는 아이들을 조랑말에 태워 지나며 바퀴를 단 벽보에 선전용 사진과 구호들을 써 붙여 놓기도 하였다. 대형 트레일러트럭에는 어린이 놀이기구를 싣고 색색의 연과 풍 등을 달아 눈길을 끌었고, 초대형 하버 크레프트(hovercraft)와 제트 스키(jet ski)를 실은 트럭도 보였다.

그 다음은 크고 작은 트랙터를 몰고 온 십여 명의 동네 농부들, 머리가 하얀 할아버지부터 학생 같아 보이는 젊은이까지 트랙터마다 자신들의 이름이 쓰여 있었다. 모두 한 집안사람이라며 빨간 단체복으로 멋을 내었고 옛날 농기구들을 웨건에 실어 선보이기도 했다. 다음 차례는 인도풍의 옷을 입은 밴드가 트럭 위에 앉아서 동양 음악을 연주하며 지나갔고, 모래 위를 달리는 둔버기(dune buggy) 행렬과 각종 보트가 트럭 꽁무니에 매달려 지나갔다. 마을 교회에서 준비한 웨건에는 악기들을 갖춘 찬양대가 찬송가를 부르고 노란 건초를 가득 싣고 골든걸-할머니들이 손을 흔들며 즐거운 시간을 만들었고, 골프장에서 보낸 골프 카트에는 골프 가방에 골프 클럽이 가득 꽂혀 있었다. 병원의 구급차는 양옆으로 병원 이름이 쓰인 깃발을 꽂고 사이렌을 울리며 길을 비키라 하고, 장난감 트렉터를 탄 인디언 소녀는 마치 귀여운 인형 같았다. 두 개의 동네 술집에서도 나지막한 트레일러에 간판과 미니바를 만들어 놓고 몇몇 사람들이 술을 마시며 즐거운 시간을 연출했고, 영화관을 광고하는 트럭에는 대형 종이상자에 풍선을 가득 담아 팝콘을 표현하고 무료 팝콘 경품권을 나누어 주며 지나갔다. 동네 부동산에서도 자신들의 로고가 찍힌 티셔츠를 입고 강아지 목에 풍선을 달아 걸어가며 주위의 사람들과 인사를 했다. 그 와중에도 다음 선거를 염두에 둔 유세행렬 정치인들이 트럭에 선거 문구와 국기, 자신의 이름이 쓰인 깃발들을 나부끼며 지나갔다. 맨 마지막으로 이 모든 행사를 주관하는 게리슨 커머셜크럽이 중장비 트럭에 깃발을 휘날리며 천천히 지나면서 행렬을 총괄하며 지났다. 한 시간에 달하는 퍼레이드 행렬이 끝난 길에는 미처 줍지 못한 사탕과 선물들이 쓰레기처럼 널려 있었고, 난 행렬의 끝이 보이자 자동차 시동을 걸어 슬금슬금 사람들 틈으로 차를 뽑아 사무실로 돌아왔다.

이 행사를 위해 무더위를 무릅쓰고 줄 서서 대기하는 참가자들과 뒷정리를 위해 수고하는 많은 사람이 있어 해마다 멋진 축제가 이루어진다. 나도 내년에는 호텔 간판을 그려 달고 대열에 참석해 보면 어떨까 하는 생각을 했다. 할인 쿠폰을 만들어 나누어주면 호텔 경영에 약간의 도움이 되려나? 급하게 갔다 온다고 휴대폰을 안 들고 나가서 멋진 사진을 찍지 못한 아쉬움이 무척 컸다.

생각해보면 나는 참 많은 퍼레이드를 본 것 같다. 티브이에서 국군의 날 퍼레이드도 여러 번 보았고 미국 독립 기념일 행사와 같은 외국의 이국적 퍼레이드도 종종 볼 수 있었다. 이 년 전 귀국했을 때는 고향에서도 중양절 맞이 원님 행차와 농악대를 만나 한참을 즐거운 마음으로 구경했었다. 마을 이름을 적은 깃발을 앞세운 농악대들이 각양의 모습으로 풍악을 울리며 지나는 모습들이 신이 나고 또 고마웠던 기억이 난다. 전통을 지키고 또 재연해가며 후손들에게 알리고 기리 보존한다는 것은 참으로 아름다운 것이다.

우리 동네에서 열린 퍼레이드에는 인디언들과 백인들의 조화와 이주민들이 자신의 고유한 문화를 기억하고 되살려내는 역사가 있었다. 현대적인 것들과 오래된 옛것들의 어우러짐도 아름다웠다. 무엇보다 지역민이 하나가 되어 함께 고생하고 함께 즐거워하며 방문객들이 마음껏 즐길 수 있도록 노력한 흔적이 보였다. 마을 축제 20주년을 맞는 올여름이 마을 주민 모두에게 날씨 변화 때문에 줄어든 낚시 인파와 상관없이 여전히 아름답고 여전히 행복하길 빌어본다.

수필 · 백규현

사회구조와 시민의식

우리사회는 종적인 사회구조다. 할아버지부터 할머니, 아버지, 어머니 등 내리사랑 구조이다. 이 구조는 하나의 가정을 예를 든 것이지만 한 회사를 보더라도 회장, 사장, 상무이사, 부장, 과장, 대리 등 윗사람의 명령에 복종하여야한다. 그러므로 때로는 회사를 이끄는데 중요한 안건이 사장되기도 한다.

그렇다고 서양의 횡적인 사회 구조가 절대로 옳은 것은 아니다 손치더라도 손자와 할아버지가 맞먹는 장면은 우리로서는 이해하기 어려운 문화이기도 하다. 미국이 발전하고 세계의 경찰국가 역할을 하는 힘은 이러한 사고의 원동력이 아닐까 생각하게도 한다. 또한 공무원의 역할도 기업과 같이 사회가 잘 돌아가도록 봉사를 하는 것이 미국의 구조이다. 그러므로 기업은 일이 잘 풀려 이문을 남기게 되면 기꺼이 사회에 환원시키기도 한다. 자신만을 위한 삶 또는 자국의 이득만을 생각하는 자득 국가는 주위에 눈총을 받을 수밖에 없다.

주거하고 있는 주위에 한 노인이 매일 쓰레받기와 빗자루를 들고 마당을 청소하고 계셨다. 당시에는 내가 아직은 젊었다고 생각한 나이였으니 무관심 했었으리라. 그 노인은 지금은 현세에 인물은

1947년 출생
대한사이버문학 6~24호까지 표지 화백
대한민국미술대전 4회 입상
구상전 장려상 수상, 기타공모전 다수 수상
단원미술대전, 경인미술대전, 전통미술대전 초대작가
현) 부천미협한국화분과장 부천한국화협회장

아닐지라도 국가 내지는 동리를 위하여 대단한 일을 하신 분인 것으로 내게 각인되고 있다. 국가에 공헌한다는 것이 전쟁터에 총 칼을 메고 나서는 것도 큰일을 행하는 것이겠지만 법을 잘 지키고 행하는데 큰 의미가 있다고 본다. 이웃의 아픔을 알고 참견 할 때 우리는 함께라는 느낌을 실감 할 것이다.

얼마 전 내가 운영하던 동 업종의 매장이 있어 심심풀이로 근간의 상황을 물었다가 호되게 핀잔을 당한 적이 있었다. 이렇게 물음의 의미를 십상 알아듣고 답변하는 경우와 묻는 상대나 혹은 답변하는 사람의 태도는 인격에 달려있다고 본다. 많은 부를 축적하지는 않았더라도 남에게 빚을 지지 않고 모진소리 안 듣고 살면 인생을 잘 산 것이 아닌가?

현대는 미디어시대로 무엇이던 의문만 던지면 답변을 해 주는 시대다. 사회는 항시 선과 악이 공존하는 것이라고는 하지만 같은 칼이라도 잘 쓰면 훌륭한 요리가 만들어지고 나쁜 일에 쓰이면 살인을 저지르게 된다. 도(道)란 멀리 있는 곳에 있는 것이 아니라 우리 주변에서 찾으면 얼마든지 있다. 방글방글 웃음 지며 일을 하는 커피 점 아가씨와 웃음을 잃지 않고 묵묵히 일하는 청소부에게서도 도를 느낀다. 인생을 하나의 커다란 화판으로 보았을 때 우리는 그 화판 위에 무엇을 어떻게 그려나가야 할지를 생각하며 살아가야 하지 않을까?

수필 · 서병달

손 안 대고 코 풀기

코는 호흡기 일부이면서 후각을 담당하는 중요한 신체 기관의 하나다. 어떤 음식이든지 혀로 맛을 보기 전에 코를 이용하여 냄새로 먼저 맛을 본다. 냄새가 좋지 않으면 그 음식이 상에 오르기는 어렵다. 그런 점에서 보면 코는 일차적인 맛의 심사자인 셈이다.

음식뿐만이 아니라, 사람도 상대방의 체취에서 그 사람의 학벌과 교양 그리고 지식과 인격 등을 상당한 수준에서 파악할 수 있다. 또 하는 일과 현재의 여건 등을 가늠할 수도 있다. 남녀 간에는 서로의 체취가 사랑의 묘약이 되어, 눈에 콩깍지가 씌었다는 말처럼 상대방을 사랑의 포로로 만들기도 한다. 동물들은 암컷이 내는 냄새를 통하여 짝짓기가 이루어지며, 꽃향기에 취한 벌과 나비 등 곤충의 역할로 암꽃은 수정하여 과실을 맺는다.

코는 얼굴의 중심에 자리 잡고 있어 인상을 좌우하기도 하며 관상학적으로도 중요하다. 콧등에 잔주름이 있으면 꽤 고생했다는 걸 표시한다. 콧등 뼈가 툭 튀어나온 것은 매부리코라 하여 성격이 억세다는 걸 나타낸다. 콧구멍이 크면서 하늘을 치켜보고 있으면 낭비벽이 심하다. 콧구멍이 크면서 코끝이 뭉텅하면 돈복이 있고 원만한 성격을 나타낸다. 여자가 콧등이 붉으면 과부상으로 친다.

코에 이상이 생기면 발음이 부정확하게 나기도 한다. 코맹맹이

《대한문학세계》 시 부문 신인상
팔도문학, 대한사이버문학, 밀양문인협회 회원
smupil@hanmail.net

소리가 그런 경우인데 이 소리는 주로 두 가지로 나타난다. 단순한 코맹맹이 소리는 어수룩한 사람으로, 약간의 강약조절에 교태라도 슬쩍 부리면 애교 있게 보이기도 한다.

헤밍웨이의 원작소설을 영화화한 '누구를 위하여 종은 울리나'를 보면, 환상적인 분위기를 자아내는 달빛 아래서 남 주인공 로버트 조든(캐리 쿠퍼 분)과 여주인공 마리아(잉그리드 버그만 분)가 키스하는 장면이 나온다. 분위기를 잡고 조든이 키스를 하려 하자 키스 경험이 없는 마리아는 키스할 적에 코가 걸리지 않는지 그게 늘 궁금했다고 한다. 조든은 대답 대신 고개를 살짝 옆으로 돌려 코를 피하면서 키스를 한다.

중학교 때, 건강이 좋지 않아 자주 자리에 누우셨던 어머니 대신 시장을 갔다 오는 일이 잦았다. 시장은 집에서 편도 30분 정도 거리였는데 시장에 오가는 길에서 손 안 대고 코 푸는 아저씨를 가끔 만나곤 했다. 그 아저씨는 입 주변 근육과 콧구멍을 이용하여 좌 · 우측으로 코를 풀었다. 얼마나 힘차게 푸는지 그분의 콧구멍을 벗어난 콧물은 길바닥에 착 달라붙었다. 볼 때마다 신기하여 머리가 좀 벗겨진 중년의 그 아저씨를 못 보는 날엔 섭섭한 마음이 들기도 하였다. 아버지는 물론 주변의 어른 중에서 손 안 대고 코 푸는 사람은 아무도 없어 그 아저씨는 특이한 기억으로 남아 있다.

손 안 대고 코 푸는 아저씨의 모습이 신기하기는 했어도 보기에 좋은 모습은 아니어서 흉내를 낼 생각은 하지 않았다. 성인이 되어 날품을 팔러 다니면서 손 안 대고 코 푸는 아저씨의 생각이 문득문득 나곤 하였다. 혼자서 일할 때는 일하는 도중에라도 코를 풀고 싶으면 잠깐 동작을 멈추고 코를 풀면 된다. 손을 맞추어 일하는 도중에는 코를 풀고 싶어도 마음대로 코를 풀기가 쉽지 않다. 그럴 때, 어릴 적 시장통에서 보았던 그 아저씨처럼 손 안 대고 코를 풀 수 있다면 더러 편리할 것 같다는 생각을 하기도 했다.

일을 함께하면서 잘 맞아 나가는 호흡을 순간적으로 끊지 않아도 되고, 날씨가 추울 때는 두 손을 호주머니에 넣은 채로 코를 풀 수 가 있다. 그래서 손 안 대고 코 푸는 연습을 한 번 해볼까 하는 생각을 한 적도 있으나 정작 연습을 한 적은 없다.

일을 매우 쉽게 해치우거나 무슨 일이든 되는대로 빨리해내는 모양을 일컬어 손 안 대고 코 푼다고 한다. 그렇지만, 지금은 본 의미와는 다르게 사용되고 있다. 정당한 노력 없이 요행만 바라거나 이권에 개입하여 뒤로 돈을 챙기는 행위, 남의 수고와 돈에 기대어 일을 해결하면서 공짜로 한몫 보려는 경우 등에 쓰인다. 요행을 바라는 사람으로는 아무래도 가난한 서민이 많을 수밖에 없다. 매주 복권 한 두어 장에 일주일간 희망을 품고, 일당 기만 원에 월 기백만 원을 버는 사람들보다 마음은 더 부자다. 그럼에도 요행을 바라는 것은 삶 자체가 힘겹기 때문이다.

이권에 개입하여 뒷구멍으로 돈을 잘 챙기는 사람으로는 권력과 전문적인 지식을 가진 사람, 주먹이 센 사람이 잘 사용하는 수법이다. 특히 전자의 사람은 사회 지도층 인사이거나 엘리트층에 많아 사회를 좀먹는 정도가 아니라 국가를 망조가 들게 한다는 인상을 지울 수 없다. 그런데도 이 나라가 굴러가는 것은 그동안 견고하게 구축해온 시스템 덕이 아닐까 하는 생각을 한다.

갈수록 살기가 팍팍하다고 한다. 살기가 팍팍할수록 더 열심히 일하고 아끼면서 살아야 한다. 현실은 이것은 교과서적인 정답일 뿐이라고 믿는 사람들이 적지 않다. 교과서적인 정답은 시험 칠 때만 맞을 뿐 일상적인 생활에서는 맞지 않다고 본다. 교과서 외적인 정답 중에 가장 매력적인 정답은 손 안 대고 코 푸는 일이다. 현대는 그런 사람들이 만연한 것 같아 세상이 점점 어지러워져 가는 것이 아닌지 걱정이 된다.

〈어원산책〉 고주망태

때는 바야흐로 추석을 지나, 망년회忘年會니 송년회送年會니 하며 세월이 아쉬운지 후련한지 취생몽사醉生夢死의 계절이라—.

요즘은 이슥한 골목이 아니라 대로변에도 끼리끼리 또래끼리 동아리가 되어 헤매는 술꾼들이 즐비 합니다. 사람이 모인 곳, 특히 남자들이 모인 곳엔 술이 빠질 수가 없겠지요!

술을 많이 마시는 사람을 일러 초페이, 말술, 술독, 술고래 등으로 호칭하는데 이들을 통틀어 두주斗酒 또는 주호酒豪라 합니다. 술을 마시고 광태를 일삼는 자를 일러 "술망나니"라고 하며, 이들을 주광酒狂, 주망酒妄, 주사酒邪라고도 하지만 한마디로 "술먹은 개"의 총칭입니다. 참고로, 남자들이 술을 먹으면 개가 된다고 하는데, 그렇다고 개가 술 먹는다고 남자가 되진 않습니다.

어쨌든 술을 마시고 횡설수설하며 광태를 일삼는 까닭은 술에 절어서 이미 자제력이 무너졌기 때문입니다. 이것이 주황酒荒인데, 주황에 빠지면 술이 사람을 마십니다. 주황에 빠진 자들은 즉석 술자리에서 또는 2차로 색을 밝히는데, 이처럼 주색酒色에 빠져 패가망신하는 사람도 적지 않습니다. 또 술을 마시면 괜히 우는 사람도 있는데, 이런 자들 하고는 더불어 술 마시기가 어려운데 이런 울음은

1948년 인천 출생, 고교 영어교사 역임
특별법인 한국해운조합 봉직, (주)HL해운 상무이사 역임
현) 중국 (주)청도MK통상 대표이사
한국문인협회 회원, 21C 한국시인회 이사, 대한사이버문학 회원
동인시집 『마음 열고 숲에 서리라』 『들풀 소리』
『제 몫을 다한 화음』 발간
buryun@hanmail.net, 010-7105-6096

주비酒悲라 한답니다.

내가 아는 어떤 분은 술만 마셨다 하면 집에 들어가 처자식들을 앉혀 놓고 술이 깰 때까지 훈계(?)를 하시는 분이 계십니다. 술은 이처럼 바로 마시기가 어려운데, 나는 술 마신 후의 그 사람의 태도가 그 인격의 바로미터라고 생각하기 때문에 혼기를 앞둔 처녀들에겐 흔한 얘기로 "순간의 선택이 일생을 좌우"하니 만큼 반드시 그 배우자감을 친지 어른 앞에서 술을 진탕 먹여 본 뒤에 최후의 결정을 하라고 충고하곤 한답니다.

시인이자 당대의 주선酒仙으로 불렸던 조지훈님이 술을 마시는 연륜과 격조, 주우酒友, 주량 등을 따져 주도를 18등급으로 분류했다는데 한번 보시지요.

〈주도酒道 18등급〉

1. 부주不酒 (9급) : 술을 아주 못 마시지는 않으나 안 마시는 사람.
2. 외주畏酒 (8급) : 술을 마시긴 마시나 술을 겁내는 사람.
3. 민주憫酒 (7급) : 술을 마실 줄도 알고 겁내지도 않으나 취하는 것을 겁내는 사람.
4. 은주隱酒 (6급) : 술을 마실 줄도 알고 겁내지도 않으며 취할 줄도 알지만 돈이 아까워서 홀로 숨어 마시는 사람.
5. 상주商酒 (5급) : 술을 마실 줄도 알고 좋아도 하지만 무슨 잇속이 있어야만 술값을 내는 사람.
6. 색주色酒 (4급) : 성생활을 위해서 술을 마시는 사람.
7. 수주睡酒 (3급) : 잠이 안 와서 술을 마시는 사람.
8. 반주飯酒 (2급) : 밥맛을 돋우기 위해 술을 마시는 사람.
9. 학주學酒 (1급) : 술의 진경珍景을 배우면서 마시는 사람. 일명 주졸酒卒.
10. 애주愛酒 (1단) : 술을 취미로 맛보는 사람. 일명 주도酒徒.
11. 기주嗜酒 (2단) : 술의 참맛에 반한 사람. 일명 주객酒喀.
12. 탐주耽酒 (3단) : 술의 진경을 터득한 사람. 일명 주호酒豪.
13. 폭주暴酒 (4단) : 주도를 수련하는 사람. 일명 주광酒狂.
14. 장주長酒 (5단) : 주도 삼매三昧에 든 사람. 일명 주선酒仙.

15. 석주惜酒 (6단) : 술을 아끼고 인정을 아끼는 사람.
일명 주현酒賢.
16. 낙주樂酒 (7단) : 마셔도 그만, 안 마셔도 그만 술과 함께 유유자적 하는 사람. 일명 주성酒聖.
17. 관주關酒 (8단) : 술을 보고 즐거워하되 이미 마실 수 없게 된 사람.
일명 주종酒宗.
18. 폐주廢酒 (9단) : 술로 인해 다른 술 세상으로 떠나게 된 사람,
일명 열반주涅槃酒.

호방한 성격에 술을 좋아했던 조선조 선조 때의 명신이자 문인인 송강 정철(1536~1593)은 「장진주사」에서 술 마시는 사람의 심정을 다음과 같이 노래했지요.

한 잔 먹세그려, 또 한 잔 먹세그려
꽃 꺾어 산算 놓고, 무진무진 먹세그려

(한 잔 먹세 그려 또 한 잔 먹세 그려.
꽃을 꺾어 술잔 수를 꽃잎으로 셈하면서, 한없이 먹세 그려)

이 몸 죽은 후면 지게 우에 거적 덮어
주리혀 매여가나 류소보장流蘇寶帳에 만인이 울어내나
어욱새 속새 덥가나무 백양 숲에 가기곳 가면
누른 해 흰 달 가는 비 굵은 눈
쇼쇼리 바람 불제 뉘 한잔 먹자 할고

(이 몸이 죽은 뒤면 지게 위에 거적을 덮어
꽁꽁 졸라매 가지고 무덤으로 메고 가거나,
아름답게 꾸민 상여를 많은 사람들이 울며 따라가거나.
억새, 속새, 떡갈나무, 은백양이 우거진 숲을 가기만 하면
누런 해, 밝은 달, 가랑비, 함박눈, 회오리바람이 불적에
그 누가 한 잔 먹자고 하리요?)

하물며 무덤 우에 잔나비 파람 불제
뉘우친달 어쩌리.

(하물며 무덤 위에서 원숭이가 휘파람을 불며 뛰놀 적에는

아무리 지난날을 뉘우친들 무슨 소용이 있겠는가?)

어쨌든 가는 세월이 아쉬워 술을 많이 마신 사람이 정신을 차릴 수 없는 상태가 되었을 때 "고주망태"가 되었다는 말을 흔히 씁니다. 그럼 그 "고주망태"라는 어휘는 어디에서 온 말일까요? "고주"를 "苦酒"(쓴술이라는 뜻의 쓸"고", 술"주")라고 해석하는 분도 있는 듯하지만, 그러나 "고주"는 "쓴 술, 또는 독한 술"이란 뜻을 가진 한자어가 아니랍니다. "고주"는 우리 고유어로서, 원래는 "고주(아래 아)"라는 말이 변형된 것으로서 "고자(아래 아)"란 어휘를 "고조"라고도 썼다는데, 그 것은 "누룩이 섞인 술을 거르는 틀"을 말하며, "망태"는 "망태기"와 같은 뜻으로 무엇을 담는 그릇을 말하기도 하고, 전혀 쓸모없이 되어버린 상태를 말하기도 합니다. 그런데 그 술을 거르는 "고주" 위에 "망태"를 올려놓으면 망태에 술기운이 배어들어 망태 전체에서 고약한 술 냄새가 난다고 합니다.

이렇듯 "고주" 위에 올려놓은 망태처럼 잔뜩 술에 절은 상태를 가리키는 말이 "고주망태"로서, 사람이 술통을 통째로 마신 것처럼 술에 곤드레만드레 취하여 정신을 못 차리는 사람을 일컫는 말이 되었다고 합니다.

"살아도, 못 살아!"라는 말을 아십니까?

어느 남자가 교통사고를 당하여 사경死境을 헤매는 와중에, 그 부인이 소식을 듣고 달려왔는데,

"생명은 건질 것 같은데 척추를 다쳐 성불구자가 될 것 같습니다"란 의사의 말을 듣고 그 부인이 하는 말이

"(서방이) 살아도 (난) 못 살아!" 하며 통곡을 했다는데… 그런 경우가 아니더라도 어부인께서 "(술 냄새 때문에) 살아도 못살아!" 하는 푸념을 듣기 전에 에칠알콜로 오장육부 소독은 적당히 하십시오! (속으로— 사돈 남말 하네!)

불행과 행복

간간히 태어났음에 감사할 줄 모르고, 문득 문득 살아있음에 기뻐할 줄 모른다. 사람은 어떤 상황에 놓이면 불행하다고 생각할까. 나는 왜 늘 행복하지 않다고 생각하는 걸까.

가난을 운명처럼 받아들이고 살았던 윗세대들을 생각하면 배부른 투정이 맞다. 세상에 행복하다고 생각하며 사는 사람은 몇 안 될 거라고 어른들은 말한다. 하지만 사는 게 힘들다는 말을 절규처럼 토로하는 어른들의 눈빛과 마주치면 전이되듯, 삶이 몹시 우울하게 받아들여진다. 그 우울은 성장기에 커다란 영향을 끼쳤던 것 같았다.

고통과 기쁨을 분리할 줄 알게 되면서부터 나는 미성취의 욕구불만을 내세워 불행한 쪽 줄에 나를 세웠다. 매사를 부정적인 마인드로 재단하려 드는 성격 탓이 컸다. 결혼 후 남편의 사업실패로 삶을 놓아버리고 싶을 만큼 절박했던 적이 있었다. 그 순간을 어렵게 헤쳐 나오는 드라마틱한 상황을 몇 차례 경험해 보았으면서도 아직도 생활의 다양한 모습을 받아들이는데 지혜롭지 못하다. 사람들과 어울려 사는 게 아닌 부딪히고 부대끼며 산다고 생각하는 터라 그럴 때마다 애써 세워놓은 나만의 행복등식은 깨져버린다.

내가 추구하는 행복감, 즉 어렵사리 찾아든 마음의 평화, 행복이

1951년생 출생
《수필문학》 등단
《문학사랑》 제10회 인터넷문학상 수상
한국수필가협회, 문학사랑문인협회, 군포문인협회 회원
한국문인협회, 한밭소설가협회 회원
대한사이버문학 설립자
cryingbird50@hanmail.net

깨어지는 것은 내가 하기 싫은 일들을 하게 되었을 때, 하고 있을 때, 하기 싫은 일들을 하지 않으면 안 될 상황에 처했을 때이다. 난 그때 행복하지 않았다. 불행했다.

어릴 적 부모님과 자주 떨어져 살아야 했던 나는 외로워서 불행했다. 매일 밤 엄마가 보고 싶어 눈물로 베갯잇을 적셨다. 역으로 생각하면 난 가족과 함께 살고 싶었던 것이다. 자주 병치레를 하던 어린 시절은 아파서 불행했다. 안 아팠으면 좋았을 것이다. 그리고 청년기는 내가 하고 싶은 것들에 집중하지 못한 채 살아가야 한다는 것이 불행했다. 둘만의 행복을 꿈꾸며 한 결혼도 마찬가지였다. 가족 수가 몇 배로 증가하는 부양의 책임에 짓눌려 불행했다. 당연히 경제적으로 쪼들렸다. 돈의 효용성을 알게 되니 돈이 턱없이 부족했다. 돈이 없다는 것은 불행했다. 어쨌거나 불행하다 불행하다 노래 부르며 노년에 이르렀다. 더 이상의 불행은 없으려니 할 즈음 손자 손녀들이 기다리고 있었다. 십여 년을 넘게 손자 돌봄이에 사지가 묶여 내 시간을 갖지 못하고 있다. 불행하다. 그러니까 아기를 돌보는 일을 하지 않았으면 좋았을 것 같다. 그래서 나의 불행은 지금까지 이어지고 있다. 사람들은 혹 그게 무슨 불행이냐고 비난할 수도 있겠지만 나로선 행복하지 않다 생각하니 불행한 것이 틀림없다. 나 같이 불행한 삶도 그리 흔하지 않을 것이라고 스스로를 비하하며 맘껏 불행에 빠져 지낸다. 그런 내게 변화가 느껴졌다, 평소 자주 가져보지 못했던 긍정의 마인드였다. 이젠 이만하면 됐다 라는 생각은 지금껏 부려온 욕심을 포기한 것 같기도 한데 그 포기가 나를 평화롭게 해주었다. 혹여 더 깊은 불행이 찾아온다 해도 편안하게 받아들일 수 있을 것 같고, 더 이상의 행복을 꿈꾸지 않을 자신감도 들었다. 이따금씩 느껴지는 봄바람 같은 훈훈함이 가슴 가득해졌다. 예상하지 못했던 변화였다.

절필의 고비를 무사히 통과하고 지금까지 책상 앞에 앉아있다. 행복하다. 아기를 돌보며 스트레스 해소 목적으로 시작한 운동은 탁구였다. 이 또한 구사하지 못하는 기술이 너무 많아 답답하지만 동호인들과 이만큼 섞여 지낼 수 있으니 행복하다. 덧붙인다면 탁구는 아기 돌봄이와 맞물려 있다. 살아남기 위한 돌파구로 선택한 운동이었는데 그것이 노후에 적지 않은 즐거움을 주고 있다. 그리고 무엇보다도 십여 년 넘게 돌봐온 손자손녀가 이젠 할머니의 잔손이 가지 않아도 좋을 만큼 건강하게 성장했다. 행복하다.

건강에 대한 미련도 버리자. 더 이상 건강해지려 애 쓰지 말자. 이만큼 살았으면 잘 살지 않았나. 글도 탁구도 건강도 다 이쯤에서 더 이상 욕심 부리지 말자 생각하니 내 세상 안팎이 모두 평화로워 보인다. 앞으로 내 생에 이 보다 더한 불행은 없을 것이고 더 이상의 행복도 있을 것 같지 않다. 그런 것들을 겪기에 남은 생이 살아온 날들보다 매우 짧기 때문이다.

수필 · 옥영수

엔트로피의 법칙

이상하다. 분명히 가방에 넣어 뒀는데 없다. 그게 바로 어제 일인데 지금 아무리 찾아도 없다. 아침에 신문을 가방에 넣어 왔는데, 그것을 빼면서 거기에 딸려 나온 것인가 싶어 신문을 다시 펴 보고, 또 신문 주위도 꼼꼼히 살펴보았지만 헛수고였다. 쓰레기통에 버린 신문 광고지와 함께 버려졌는가 싶어 휴지통도 다시 뒤져 보았다. 그럴 리가 없는데… 휴지에 잘 싸서 분명히 가방에 넣어 두었는데… 가방을 다시 뒤져 보았다. 안에 있던 책과 부채, 담배 곽 등을 다 들어내고, 책은 갈피까지, 그리고 담배 갑 속도 들여다보았지만 없다. 귀신이 곡할 노릇이다. 그새 이게 어디로 사라졌단 말인가? 가방에 넣지 않았던 것을 착각한 것인지도 모른다싶어 책상 서랍도 다시 뒤져봤다. 역시나 없다. 이렇게 찾던 것이 없을 때는 사람이 환장하게 된다. 분명히 휴지에 싸서 가방에 넣어 두었는데…….

황당한 일은 연속해서 일어나는 것인가? 황당한 일이 처음 일어났던 것은 어제 퇴근 무렵이었다. 배가 출출해진 것을 깨닫고 책상 위를 보니 포장된 엿이 몇 개 보였다. 아침에 울릉도 출장 다녀 온 직원이 맛보라며 몇 개 건네준 것을 책상위에 두었는데, 배가 출출해지니까 눈에 띈 것이다. 오랜 컴퓨터 작업 끝에 책상에서 일어나

1956년 경북 의성 출생
부산수산대학교 졸업
한국해양수산개발원 연구위원
해양 칼럼리스트
대한사이버문학 회원
ysock57@hanmail.net, 010-6209-3364

기지개를 켜면서 시선이 엿을 떠나지 못했다. 무심결에 고픈 속을 달래려고 손을 뻗어 한 개 까서 입에 넣는 순간, 아차. 엿은 잘못 먹으면 이빨에 덧씌운 금붙이가 떨어질 수 있는데… 이런 생각이 뇌리를 스쳤다. 그래서 무의식중에도 먹을까 말까 망설이면서 시선만 주고 있었던 것이다. 실제 5년 전 중국 여행 중에 엿을 먹다 금박 입힌 것이 빠진 경험이 있기에 엿을 입에 넣는 순간, 불길한 예감이 찰나적으로 뇌리를 스쳤다. 하지만 이미 엿은 입에서 단물을 솔솔 흘리기 시작하고 있었다. 그리고 단물을 막 삼키기 전이어서 불길한 예감에도 불구하고 엿을 뱉어낸다는 것이 너무 아까웠다. '그래. 조심해서 먹으면 되겠지. 입에 넣은 한 개만 조심스럽게 녹여 먹도록 하자.' 막 녹기 시작한 단물은 너무나 강하게 목젖을 유혹했다. 그 순간. 컴퓨터에서 메시지가 떴다. 내부 인트라망을 통한 메시지였다. 그것을 보려고 고개를 숙이는 순간. 입에서 이상한 느낌이 들었다. 아뿔싸. 우려했던 대로 금붙이가 엿에 달라붙어 빠져버렸던 것이다. 황급히 엿을 뱉어 냈으나 이미 상황은 끝나 버렸다. 엿 조각에 들러붙어 있는 금붙이. 금붙이는 이빨에 덧씌운 것으로서 마치 모자 모양을 하고 있었다. 입에서는 아직 녹다만 단물이 조금 남아서 어쩔 줄 모르고 있었다. 주인이 삼켜주기만을 기다리고 있는 것이다. 꿀꺽하고 삼켰다. 단맛이 목젖의 돌기를 부드럽게 애무하며 식도 속으로 매끄럽게 사라져갔다. 그것을 삼키는 순간 손에 뱉어진 작은 엿 조각이 다시 시야에 들어왔다. 이것을 어떻게 해야 할지 망설여지기 시작했다. 손바닥 위에 금붙이와 엿 조각이 서로 민망해 하며, 동시에 처분을 기다리고 있었다. 엿은 다시 입에 넣으면 되지만, 빠져버린 금붙이는 어떻게 할 것인가? 순식간에 벌어진 황당한 일이라 하지 않을 수 없다. 홧김에 엿 조각을 버리려고 하다가 입안에서 느껴지는 단맛의 추억이 너무 강렬했다. 다시 입에 넣을까? 그러는 순간 이번에는 손바닥에 같이 뱉어진 금붙이가 원망스러운 눈초리를 보내고 있었다. 어떻든 사단의 원흉이 바로 엿 조각이기 때문이다. 유혹의 순간은 넘어갔다. 나는 과감히 엿 조각을 휴지통에 버렸다. 입안에 고여 있던 단맛은 마저 삼켜 버렸다. 더 이상 조금의 유혹이라도 발호하지 않기를 바라는 마음에서. 하지만 단맛의 여운은 목젖 속에서 쉬 사라지지 않고, 유혹의 뿌리를 길게 늘어뜨리고 있었다.

입에서 단맛이 사라지자 이내 현실상황이 인식되었다. 빠져버린 금붙이 때문이다. 수십만 원을 들여 어렵게 시술했던 금붙이가 아닌가? 돈도 돈이지만 몇 번이나 치과에 가서 신경 치료하고 본을 뜨고 치아에 덧씌우는 과정에서 고통도 많았는데… 이것을 다시 해야하나하는 걱정이 앞섰다. 엿 한 조각(그것도 제대로 단물도 다 못 빨아먹은 채) 때문에 이런 황당한 일이 생기다니… 더구나 부산으로 이전해 와 어느 치과로 가야할지 그것도 막막한 일이어서 더욱 황당하게 느껴졌다. 한동안 멍하니 금붙이만 쳐다보았다. 도대체 순식간에 벌어진 이 일을 어떻게 받아들여야 할 것인가? 순간 엿을 갖다 준 부하직원이 원망스러워졌다. 많지도 않은 것을 뭔 선물이랍시고 나누어주다니… 쓸데없는 일을 벌인 직원이 야속하기만 했다.

그렇다고 이대로 있을 수는 없는 일. 어떻게든 사태를 수습해야만 한다. 급한 마음에 거울로 가서 금붙이를 이빨에 끼워보려 했다. 하지만 입안은 컴컴해서 어느 이빨에서 벗겨졌는지 보이지도 않았다. 그래서 손으로 더듬어 끼우려 해 보았지만 그게 쉽게 될 일이 아니었다. 그러는 와중에 두 번이나 바닥에 떨어뜨리기도 했다. 생수로 헹구어 낸 뒤 다시 두어 번 더 시도해 봤지만 어림없는 일이었다. 황당한 일은 이제 당황스런 상황으로 바뀌고 있었다. 할 수 없다. 황당한 일이기는 하나 현실은 현실. 받아들이지 않을 수 없는 일이기에 일단 금붙이는 잘 보관하기로 했다. 둘러보니 화장지가 있어 그것을 한 장 뽑아 금붙이를 둘둘 말아 가방에 넣었다. 이것이 기억의 전부이다. 그런데 그것이 없어진 것이다.

벗겨진 금붙이를 어떻게 하나 고민하다가 서울에 자주 다니던 치과에 전화를 했다. 아무 치과나 가면 다시 새로운 금을 씌우자고 할 테고, 그러면 돈도 돈이고, 또 여러 번 치과 다니면서 고통을 겪어야 하니 익숙한 서울 치과로 도움을 청했던 것이다. 그랬더니 안면이 있던 간호사가 서울까지 올 수도 없고, 다음에 서울 올 때 가져오면 너무 늦으니 원장님께 부산의 치과를 알아보겠다고 한다. 그래서 소개 받은 부산 치과에 전화를 했더니 다음날 빠진 금붙이를 가지고 오면 된다고 해서 오늘 금붙이를 찾았는데, 그것이 감쪽같이 사라진 것이다. 하룻밤 사이에…

도대체 어디로 간 것일까? 혹시 집에 둔 것은 아닌가 생각해 보았으나 기억이 없다. 아무리 생각을 해도 가방에 넣은 이후 옮긴 기억이 없다. 그러니 내가 미치지 않을 수 있는가? 뭔가 기억을 하지 못하는 무의식적인 행동을 했을까 싶어 자기 혐오증이 슬슬 나기 시작했다. 이 나이에 벌써 중증 건망증에라도 걸린 것인가? 아니면 말도 안 되는 이야기지만 치매의 전조현상이라도 보이는 것인가? 이제 나라는 존재는 이렇게까지 된 것인가? 하루 사이의 기억도 사라질 만큼 내가 나를 믿지 못하게 되었는가? 그런 등등을 생각하니 자기연민에 슬픔이 갑자기 엄습해 왔다. 자기비애라고 할까?

그러던 순간. 어떤 생각의 한 조각이 전광석화와 같이 뇌리를 스쳐 지나갔다. 그것이? 혹시 그것이?

아무리 어렴풋한 기억이라고해도 일단 실마리가 잡히고 나면 그것은 다시 가느다란 줄기를 타고 스토리의 꼬리가 이어지게 된다. 아침 출근길. 집 근처 쓰레기통에 휴지를 버린 것 같은데, 혹시 거기에…라는 생각이 미치자, 생각의 편린들은 모두 한결같이 내 주위로 몰려와 제각기 자기주장을 펼친다. 그것들은 확실한 근거도 없이 조그만 개연성만으로도 마구 자기 합리화를 시도하고, 그러다가는 확고한 듯한 스토리로 포장을 하여 내 머리 속에 차곡차곡 채어 나간다. 그리하여 하나의 완결된 스토리(구름 같은 개연성으로만 이루어진)로 완성되어 조금 전의 답답했던 머릿속을 뻥 뚫어준다. 본질적인 문제는 하나도 해결되지 않았지만.

그 스토리란 이렇다. 어제 저녁 퇴근 하면서 운전석에서 무심결에 콧물이 나와 코를 풀었다. 코 푼 휴지뭉치를 조수석에 있던 가방 옆구리에 쑤셔 넣었다. 집에 가서 버릴 양으로… 그런데 집에 가는 도중, 그 사실을 모두 잊어 버렸다. 야외 주차장에 주차 시켰는데, 비가 온 관계로 우산을 펼쳐 허둥지둥 집에 들어가고, 배가 고파 서둘러 저녁을 먹고, 뉴스를 조금 보다가 평소처럼 집 인근 색소폰 연습실로 가서 색소폰 불다가, 동호회원들과 맥주 한잔 하고, 느지막이 귀가하여 바로 잠자리에 들었기 때문에 휴지 따위는 까맣게 잊어버린 것이다. 그것을 아침 출근길에 가방을 들고 나오면서 보니까 코푼 휴지 뭉치가 있어, 집 인근 쓰레기통에 버렸다. 그런데 일이 안되려고 그렇겠지만, 코푼 휴지 뭉치 옆에 어제 휴지에 싸 놓았던 금붙이가 같이 있었던 모양이다. 그것을 아무 생각 없이 코푼 휴지인줄 알고 두 개를 그냥 뭉쳐 버렸을 것 같다. 이것은 어디까지나 추리이다. 휴지뭉치 버린 실마리에서 유추하여 완성된 스토리가 되어버린 것이다. 어디까지나 추리에 불과하다. 하지만 한번 스토리가 완성되고 나니 그것은 더할 나위 없이 그럴 듯한 완결된 이야기로 완성 되어 버렸다. 그리고 그대로 확신이 되어 머릿속에 강하게 인식되었다. 그렇다. 그래서 그것이 없구나. 그렇게 스토리를 확인하고 나니 머릿속의 궁금증은 사라져 시원한 듯 했지만, 문제의 시발이 된 금붙이가 없어졌다는 사실에 다시 새로운 고민에 빠지기 시작하였다.

어떻든 소개받은 치과에는 궁색한 변명을 하며 오늘 갈 수 없다는 연락을 하였다. 그리고는 퇴근 시간만 기다렸다. 어제부터 계속해서 이슬비가 내리고 있는데, 이 비에 휴지가 제대로 버텨줄지 걱정이 되었다. 행여 빗물에 휴지가 풀어져 금붙이가 노출되면, 그 노란 빛에 이끌려 누군가가 집어가지나 않을까? 노심초사가 이만저만이 아니었다. 드디어 퇴근 시간, 총알같이 칼퇴근을 하여 집으로 달려갔다. 집 근처 쓰레기통에 간 순간. 아뿔싸. 또 한번 아연하지 않을 수 없었다. 쓰레기통이 말끔하게 비워져 있었던 것이다. 누군가 금붙이를 가져가려 했다면 금붙이만 가져가면 되지. 쓰레기통을 비울 수는 없으리라. 실망하여 돌아오며 다른 쓰레기통을 보니, 거기도 말끔히 비워져 있었다. 비가 오는 와중에도 청소부가 모두 치워버린 모양이었다. 이것을 어떡하나? 그것을 찾기 위해 구청 청소차를 수소문하여 뒤질 수도 없는 일이다. 그럴수록 금붙이는 내 머리 속을 더욱 맴돌고 있었다. 하루 전, 그것을 바라보며 황당해 하던 순간들, 또 그것을 이빨에 다시 끼우려 손에 들고 요리 조리 만지며 궁리하던 일. 입을 크게 벌리고 손가락으로 더듬으며 이빨 속으로 맞추어 가던 일들이 파노라마처럼 뇌리 속에 떠올랐다. 금붙이는 내 곁을 떠났지만 내 마음 속에는 금붙이를 보내지 않았다. 생각하면 할수록 금붙이는 내 머리 속에서 맴돌고만 있었다. 금방이라도 다시 가방 속에서 굴러 튀어 나올 것만 같았다. 하지만 현실은 현실. 마음을 다잡아야 한다. 없어진 금붙이를 느낌만으로 마음속에 붙잡아 두는 일만큼 어리석은 것은 없다. 황당한 시츄에이션이 연속되기는 했지만 현실적으로 없어졌다는 사실은 분명히 인식해야 한다. 그리고 돈들고, 귀찮기는 하지만 새 금붙이를 해 넣도록 마음을 다잡을 수밖에 없다.

이런 일을 겪으면서 '열역학 제2법칙'을 곰곰이 생각했다. 일명 '엔트로피의 법칙'이라는 것이다. 질서란 무엇인가? 시간이란 무엇인가? 이것에 대한 규칙성을 정리한 것이 바로 열역학 제2법칙, 다시 말하면 엔트로피의 법칙이다. 세상은 원래 무질서(카오스)한 상태이다. 이것이 어떤 계기로 질서를 갖게 되면, 이 질서 상태는 끊임없이 무질서 상태(원래의 상태)로 돌아가려고 한다. 이것을 열역학 제2법칙이라고 한다. 열역학 제1법칙은 '에너지 불변의 법칙'이다. 이것은 고등학교 시절 물리시간에 이미 배웠기 때문에 잘 알고 있다. 어렵던 물리 시간이지만 에너지 불변의 법칙은 쉽게 이해가 되었다. 그리하여 만물의 에너지 총합은 변하지 않는다. 여기에서 파생하여 '질량 불변의 법칙'도 나오고, 그 유명한 아인슈타인의 상대성이론도 나오고, 그래서 원자폭탄도 만들 수 있게 되고, 어쩌구 저쩌구 하면서 물리 선생님은 열변을 토했던 기억이 난다.

하지만 열역학 제2법칙은 도무지 생소한 이론이었다. 우리 시절에는 학교에서 배운 적이 없기 때문이다. 그것을 알게 된 것은 우리 애들이 고등학교 다닐 때 최신 참고도서로 사온 과학도서를 읽어보고 알게 되었다. 가만히 생각해보면 당연한 이야기인데도 그것을 어렵게 생각하니 한없이 어렵게 느껴졌다. 하지만 몇 번을 정독하며 정리해 보았더니, 결국 우리 모두가 아는 이야기였다. 자연自然! 스스로 존재하는 것. 이것이 바로 열역학 제2법칙이었다.

이런 이야기이다. 우리는 낙엽을 깨끗하게 쓸어 모아 놓으면 그것을 질서라고 한다. 하지만 시간이 지나면 낙엽은 하나 둘, 흩어져 결국에는 온 사방에 낙엽이 흩날리게 된다. 무질서 상태. 열역학 제2법칙은 이처럼 질서에서 무질서로 변하는 것을 의미한다(우리들이 보기에). 다시 말하면 우리에게 무질서하게 보이는 것이 원래의 질서라고 할 수 있다. 태초의 상태. 혼돈의 상태. 즉 카오스(caos)의 상태. 그것이 원래의 질서인 것이다. 이것을 모르고 우리는 끊임없이 쓸고 닦고 한다. 우리가 생각하는 '질서'를 잡기 위해. 하지만 '자연의 질서(원래의 질서)'는 끊임없이 무질서한 상태로 변해가는 자체를 의미한다. 스스로 혹은 저절로. 그것이 '자연의 질서'인 것이다. 이것을 높은 엔트로피에서 낮은 엔트로피 상태로 변한다고 한다. 아니 저절로 변해간다고 한다. 그래서 엔트로피의 법칙이라고도 한다.

이것은 시간에 있어서도 마찬가지이다. 시간은 끊임없이 앞으로 간다. 시간이 뒤로 가는 법은 절대 없다. 시간은 끊임없이 흘러가 미래가 현재로 되고, 현재는 다시 과거가 된다. 이것은 흐트러진 낙엽이 저절로 모아지지 않는 것과 마찬가지이다. 하지만 일단 모여진 낙엽은 저절로 흐트러진다. 이런 연유로 우리는 반드시 늙어간다. 젊음에서 늙음으로 변해가는 것이지. 늙음에서 젊음으로 변하지는 않는다.

이런 생각을 하면서 내 손에서 떠나버린 금붙이를 생각해 보았다. 시간을 되돌릴 수는 없는 것과 마찬가지로 내 손을 떠난 금붙이는 다시 돌아오지 않는다. 다시 돌아 올 수도 있겠지만 그것은 우연에 다름 아니다. 자연의 법칙 상으로는 결코 돌아오지 않는 것이 순리인 것이다. 한낱 금붙이뿐만 아니라 내가 가진 모든 물건은 언젠가는 나를 떠난다. 아니 언제나 나를 떠나려 한다. 망가지거나 잃어버리거나 나를 통해 버려지거나 어떤 형태로든지 떠나게 된다. 어떻거나 나를 떠나려하고 있으며 한번 떠난 것은 절대 다시 돌아오지 않는다. 다시 돌아온다면 그것은 우연이고, 그렇더라도 언제고 다시 떠날 것을 꿈꾸게 된다. 그러므로 물건은 있어도 내 것이 아니다. 그리고 없어지면 원래 없던 것이다. 그러니 아까워 말자. 또 아까워해 보았자 소용없는 일이 아닌가? 그것은 자기 자리로 자연의 질서에 따라 간 것이다. 문제는 내가 나에게 잡아두려고 하는데 고민이 있다. 고통이 있다. 이것을 생각하면 이런 일에 집착할 필요가 없다. 내게서 떠난 것이 있으면 반드시 다른 곳에서 새로이 오는 것도 있다. 그쪽 질서에서 내 쪽 질서로 옮겨오는 것이다. 사던지, 줍던지, 얻던지, 어떤 형태로든지 내게로 오는 것이다.

이것은 비단 물건에만 국한되는 것은 아니다. 사람 간의 관계도 마찬가지이다. 사람은 만남이 있으면 언젠가는 헤어진다. 만남이 인연이라면 헤어짐도 필연의 과정인 것이다. 죽음으로 헤어질 수도 있고, 서로 미워하거나 원망하면서 헤어질 수도 있다. 망각 속에 서로 헤어질 수도 있다. 회자정리會者定離가 바로 그것 아닌가? 하지만 헤어짐이 있는 반면, 끊임없이 새로운 인연들이 이어지게 된다. 그러므로 떠나는 사람을 아쉬워하거나 미워할 필요가 없다. 또 새로이 인연 맺어질 사람들을 경계하고 두려워할 필요도 없다. 그러한 관계 속에 우리가 살아야 하는 것은 바로 우리가 속한 우주 전체가 '엔트로피의 법칙'에 지배 받고 있기 때문이다.

이런 저런 생각을 하니 금붙이 생각은 사라져 버리고 세상만사가 모두 허무하게 느껴지기만 했다. 우리의 모든 번뇌는 바로 이런 것에 있는데, 우리는 그것을 모른 채 고통 속에 한평생을 살고 있지는 않는가? 옛날 성인들. 싯달타나 예수 같은 이는 이것을 진작 간파하였다. 그리하여 탁월한 종교적 가르침으로 이것을 전파하였다. 우리가 몽매하여 깨닫지 못했지만, 그것은 오늘날 과학적 논리로서 이론화하여 다시 우리를 깨우치고 있는 것이다. 화무는 십일홍이요, 달도 차면 기운다는 노래가사가 바로 '엔트로피의 법칙'을 그대로 나타내고 있다. 이런 생각을 하니 치과에 가야 한다는 번거로운 일이 다소나마 위로가 되기 시작했다. 그리고 집으로 돌아오는 발걸음이 조금이나마 가벼워지는 것을 느끼게 되었다.

색소폰 인생 · 2

색소폰을 배운지 1년이 지났다. 아니 색소폰을 불기 시작한지 1년이 지났다. 배웠다는 말은 마스터했다는 의미로 들릴 수 있기 때문이다. 모든 것이 그러하듯이 색소폰 역시 깨달음의 연속이다. 배움이란 없다. 하나부터 열까지 배운다는 것은 없다. 누가 길라잡이를 해주면 그것을 바탕으로 스스로 닮아가려고 노력하는 가운데 깨닫게 되는 것이다. 깨달음. 이것이야 말로 우리가 평생 알아야 할 인생의 전부가 아닌가? 그런 의미에서 색소폰을 배운 것이 아니라 접한 지 1년이 지났고, 현재는 하나하나 깨달아가는 과정 중에 있을 따름이다.

색소폰을 불기 시작하고 첫 번째 고비가 왔다. 직장이 부산으로 이전하게 된 것이다. 공공기관 이전 정책에 따라 오래전부터 예정되어 있던 일이기는 하지만 삶의 거처를 부산으로 옮겨야 하는 일이 현실로 다가오자 불편한 일이 한두 가지가 아니었다. 그동안 적을 두고 색소폰 연습을 하던 동호회와의 결별도 그 중의 하나였다. 어렵게 마음먹고 스스로 찾아 들었던 동호회를 떠난다는 생각을 하니 모처럼 재미를 느끼고 있던 색소폰을 계속할 수 없을 것 같아 마음이 안타까웠다.

부산으로 삶의 터전을 옮긴 후, 한동안 적응하느라 정신없었다. 자연 색소폰을 불 기회도 없었다. 집 한 켠에 놓여 있는 색소폰을 볼 때마다 색소폰이 처량해 보였다. 그러다가 만나게 된 것이 지금의 동호회이다. '열린 색소폰 동호회.' 의외로 집 근처에 위치하고 있었음에도 이방인의 눈에 뜨이지 않다가 어느 날 저녁, 술 한 잔 걸치고 평소와 다른 길로 가는 바람에 발견하게 된 것이다. 이래서 끊어질 줄로만 알았던 색소폰에 대한 연이 다시 이어지게 되었다. 항상 그렇듯이 처음에는 낯선 곳에서 서먹서먹할 수밖에 없다. 하지만 몇 달이 지나고나니 이제 시설이나 사람들과의 관계가 다소 익숙해졌다. 그리고 색소폰에 대한 인식도 많이 달라졌다. 이전 동호회보다 회원이 많은 관계로 색소폰에 대한 지식과 기법도 좀 더 풍부해지기 시작하였다.

당초 1년이 넘어가면 제법 색소폰 연주에 능숙하리라 생각했다. 가요 몇 곡은 능숙하게 불 수 있을 줄 알았다. 하지만 고수들이 비교적 많은 이곳에 와서 이야기를 듣고, 또 직접 연주를 듣고 보니 예藝의 경지란 그렇게 쉽게 터득할 수 있는 것이 아님을 알게 되었다. 동호회가 집에서 멀지 않다보니 서울에서보다는 더 자주 연습할 기회가 있었다. 또 연습시간도 그렇게 길지는 않지만 서울보다는 더 길었다. 그렇지만 고수들은 확실히 다른 무엇이 있었다. 연습자체가 치열할 뿐만 아니라 연습량 자체가 훨씬 많았다. 퇴근하고 밥 먹고 옷 갈아입고, 느긋하게 와서 한, 두 시간 연습하는 것은 연습 축에도 못 들어갔다. 그냥 몇 번 불어보는 정도에 불과했던 것이다. 제대로 된 연습이라면 몇 시간이고 붙들고 반복해서 불어야 한다. 소리꾼들이 득음을 얻기 위해 고행을 하는 것에 비길 수야 없지만 끊임없는 자기 노력 없이는 제대로 된 소리를 낼 수가 없다.

열린 색소폰 동호외에서의 일화 하나. 이곳에서는 매월 말경 전 회원이 모여 월례회를 한다. 저녁과 술을 곁들여 동호회원의 친목을 다지는 것이다. 초보자부터 경력 순으로 한, 두곡 연주를 하고, 최종적으로 원장의 평을 듣고, 마지막으로 원장이나 혹은 초청 연주자의 연주를 듣고 즐기는 시간을 가진다. 동호회에 가입하고 두 달 만에 처음으로 월례회에 참석했다. 1년 정도 배웠다고 했기 때문에 다른 회원들과 마찬가지로 연주를 하게 되었다. 자청이 아니라 어디까지나 거부할 수 없는 요청 때문이었다. 하지만 반주기 사용도 제대로 할 줄 몰라 당황했지만 어쨌든 그동안 연습했던 노래 한 곡을 정성껏 불러 보았다. 그리고서 나름 제대로 불렀다 싶어 원장의 평을 기다리는데, 가타부타 말이 없었다. 의아해하고 있자니 다른 회원 한 명이 원장이 못마땅해 한다는 것이다. 월례회 끝 무렵에 원장이 나팔이란 분다고 부는 것이 아니라는 말을 하였다. 나팔이란 결국 듣는 사람을 위해 부는 것인데, 자기도취만 되어서는 안 된다는 것이다. 그리고 소리를 내는 방법을 연구하고 연습해야 하는데, 음표나 보고 분다 해서 연주가 아니라는 것이다. 그래서 나는 부는 법을 처음부터 다시 배워야한단다. 너무 쇼킹했다. 그리고 부끄러웠다. 그동안 나팔은 불었지만 음악을 연주하지는 않았던 것이다. 그때부터 색소폰 연습을 새로 시작했다. 1년 정도 경력에 악보를 보고 불 줄 안다고 제법 실력이 붙은 줄 알았는데, 그게 아니었던 것이다. 뒤에 들은 이야기지만 분다고 부는 게 정말 아니었다. 얼마나 좋은 소리를 내느냐에 따라 실력이 결정되는 것이다. 그래서 색소폰 연습을 시작하면 일단 롱톤(long tone) 연습부터 했다. 롱톤도 길게 부는 연습인줄 알고 처음에는 시계를 보면서 숨이 끊어질 때까지 불어댔다. 하지만 이내 그것도 지적 받았다. 무조건 길게 불기보다 소리가 퍼지지 않고, 고운 소리가 나도록 부는 연습을 해야 한다는 것이다. 그리고 롱톤을 하면서 밴딩 연습도 동시에 하라고 한다. 밴딩? 밴딩이 뭐지? 갑자기 머리가 터질 듯 했다. 운지법을 익힌 후 악보의 음표를 불기만 하면 되는 줄 알았더니 그 속에는 갖가지 기법들이 있는 것이다. 고참의 시범을 들었지만 명확하게 머리에 들어오지 않았다. 나중에 알았지만 밴딩이란 운지를 바꾸지 않고 리드를 무는 방법(이것을 '앙부쉬'라고 한다)을 바꾸거나 부는 압력을 조절해서 음정 변화를 일으키는 것을 말한다. 밴딩연습에는 높은 음정변화를 가져오는 '업 밴딩'과 이와 반대인 '다운 밴딩'이 있다. 롱톤과 밴딩 연습에 몰두할 즈음, 회원들 이야기 속에 '비브라토'라는 이야기가 많이 나왔다. 비브라토란 우리가 흔히 말하는 바이브레이션을 뜻하는 음악 용어인데, 처음에는 이것을 몰라 대화 속에서 촌닭과 같은 모습으로 듣기만 하였다. 불빛에 놀란 촌닭을 상상해 보라. 커다란 눈을 휘 뜨고 사방을 둘러보는 촌닭의 모습은 무식으로 겹겹이 둘러쳐진 자신의 모습과 조금도 다를 바 없었던 것이다. 비브라토가 색소폰뿐만 아니라 음악 전반에 쓰이는 기법이란 것을 알고는 부족했던 자신의 음악 소양에 얼굴을 들 수가 없었다. 그런 실력과 소양을 갖고 색소폰 1년 불었네 어떻네 했던 것이 부끄러웠던 것이다. 피아노로 말하면 한 손으로 겨우 건반을 두드리는 정도의 실력밖에 안되었으니, 평을 해주려던 원장이 얼마나 기가 막혔을까?

그 날부터 당장 비브라토 연습에 몰입했다. 비브라토를 쓸 줄 아느냐 모르느냐는 차이는 음식에 양념을 하는가 하지 않는가의 차이와 같다. 물론 양념을 하지 않고도 음식 맛을 낼 수는 있다. 하지만 그것도 음식 나름이다. 제대로 된 양념을 한 음식의 감칠맛은 그냥 식재료만 성둥성둥 썰어 놓은 것과 비교가 되지 않는다. 음악의 세계도 맛의 세계와 마찬가지이다. 조금의 기교라도 쓰느냐 쓰지 않느냐에 따라 청중의 감동은 엄청난 차이를 보일 수 있다. 그래서 음악 연주자들은 기법연습에 목을 매게 된다. 비브라토를 쓰는 방법도 크게 네 가지가 있다는 것을 알았다. 턱을 이용하는 방법, 복식호흡을 이용하는 방법, 목이나 입술을 이용하는 것이 바로 그것이다.

비브라토 연습을 시작하였지만 아무리해도 맛깔스런 비브라토가 나오지 않았다. 교과서대로 턱을 움직이며 음을 흔들어 보았지만 왕왕거리기만 할 뿐 가냘프고 섬세한 울림소리는 나오지 않았다. 조급증이 났다. 나는 선천적으로 음감이 없는 모양이다. 절대 음감. 절대 음감이 중요하다는 말을 많이 들었다. 아무리 노력해도 절대 음감이 없는 사람은 안 된다는 것이다. 우리가 노래를 부를 때 음치가 있듯이 절대 음감이 없으면 안 된다는 것이다. 하지만 그 정도는 아닌데…. 그러던 중 다시 원장으로부터 질책을 받았다. 비브라토는 연습도 중요하지만 기본적으로 롱톤 연습을 소홀히 한다는 것이다. 롱톤이 제대로 되어야 비브라토가 나오는 법. 롱톤에 좀 더 열중하라는 주문이었다. 롱톤이 제대로 되어야 비브라토가 제대로 되고, 무엇보다 호흡이 끊어지지 않아 소리가 듣기 좋다는 것이다. 기본이 되지 않는 상태에서는 비브라토 같은 기교를 쓰면 오히려 듣기 더 거북할 수도 있다는 것이다.

머리가 터질 듯하다. 많은 기법이 있지만 어느 하나 제대로 되지 않으니 말이다. 비브라토를 마스터하게 되면 좀 더 고급 기교로서 '칼톤'과 '서브음'에 도전해야 한다. 칼톤은 아주 탁한 소리지만 심연에서부터 끌어올리는 듯한 소리를 내는 기법을 말한다. 흔히 재즈에서 많이 사용하는데, 사람의 심금을 울리는 효과가 있다고 한다. 하지만 칼톤을 무리하게 쓰면 성대를 다칠 수도 있고, 상당히 고급 기교이기 때문에 어느 정도 내공이 쌓인 다음에 시도해야 한다고 해서 일단은 관심 밖에 두기로 했다. 또 '서브음'이란 것도 있다. 서브음은 모르는 사람이 들으면 소리가 제대로 안나 억지로 부는 듯한 느낌을 받는다. 서브음이란 색소폰의 고유한 소리가 아니라, 나팔관을 통해 바람소리를 내는, 다시 말하면 음이 울리기 전의 바람소리를 말한다. 나 역시 처음 서브음을 내는 연주를 들었을 때, 뭔가 잘못 연주하는 줄 알았다. 하지만 실제로 서브음을 내기란 매우 어려운 것이어서 복식호흡이 완벽히 되지 않으면 서브음을 낼 수 없다. 서브음을 내려다가 색소폰 음이 나와 버리면 그야말로 낭패이기 때문이다. 결국 이런 경지에 도달한다는 것은 색소폰을 자유자재로 다룰 수 있다는 것을 의미한다.

이런 기법들 사이에서 방황을 하다 보니 색소폰에 대한 흥미가 점점 떨어졌다. 실력이 늘지 않고 답보상태에 있는데다 다른 사람들의 실력 향상에 주눅도 들었기 때문이다. 이런 말을 다른 동호회원에게 했더니 너무 조급하게 생각하지 마라며 위로를 해준다. 그냥 취미로 생각하며 꾸준히 불다보면 어느새 실력 향상이 되는 것을 느낀다고 한다. 물론 시간이 간다고 저절로 되는 것은 아니지만 꾸준한 노력을 통해 실력이 조금씩 조금씩 늘지만 그것을 느끼지 못할 따름이라고 한다. 모든 것은 고비가 있지만 한 일 년하고 포기하는 사람이 많은데, 나 자신이 그런 상태에 있다는 것이다. 그래서 절대 조급한 마음을 버리고 꾸준하게 연습하라고 조언을 하였다. 그러면서 악보를 외우는 것도 방법이라고 한다. 반주기에 너무 의존하는 것도 실력 향상에 도움이 되지 않지만, 악보에만 너무 의존하는 것도 썩 바람직하지 않기 때문에 초기에는 악보를 통째로 외우는 것도 방법이라고 한다. 악보를 외우게 되면 연주 중에 자신만의 감정을 살릴 수도 있고, 반복하다보면 자신도 모르게 기법을 쓰기 위한 여유가 생긴다는 것이다.

그래서 요즘은 악보를 외우면서 연주 하는데 힘쓰고 있다. 그러고 보니 이것이 두 번째 고비인 모양이다. 뭐든지 고비를 잘 넘기는 것이 중요하다. 등산을 하다보면 수많은 봉우리를 넘어야 한다. 산에서 가장 쉽게 착각에 빠지는 것 중의 하나가 정상에 대한 착각이다. 봉우리를 향해 오르다보면 앞에 있는 봉우리가 꼭 정상인 것 같은 느낌을 받는다. 하지만 오르고 보면 산 넘어 또 산이 있다. 그것도 모르고 정상이라고 온 힘을 다해 오르다 탈진해 버리는 것을 종종 본다. 이것을 알기 때문에 산에 자주 다니다보면 절대 힘을 100% 쏟지 않는다. 항상 여유 힘을 가지고 산에 오르는 것이 정석이다. 그렇게 하면 힘도 덜 들고 위험상황에 빠져도 쉽게 헤쳐 나올 수 있다. 색소폰도 이와 마찬가지이다. 결코 조급해하지 말고 여유롭게 즐기면서 배워야 제대로 배울 수 있을 것 같다. 이런 것을 생각하니 결코 포기하지 않으리라는 결기가 솟아났다. 몇 가지 악기를 접한 후에 만난 색소폰이 아니던가? 이것마저 중도 포기한다면 내 인생도 그저 그런데 머물고 만다. 나도 이제 나이가 60이다. 적은 나이가 아니다. 더 이상 방황은 없다. 색소폰에 내 취미를 담고, 꾸준히 연습에 임해야겠다. 실력이 늘든 늘지 않든 신경 쓰지 말고 취미생활의 하나로 자리 잡아야겠다. 이런 생각을 하니 다시 색소폰에 애착이 갔다.

흔히 색소폰 연주를 잘 하려면 고수들의 연주를 많이 들으라고 한다. 이건 꼭 색소폰에 관한 것만은 아니리라. 모든 것이 경지에 오른 수준을 느낄수록 자신의 현 위치를 파악하고 배움의 자세와 균형감각을 익힐 수 있기 때문이다. 그런 생각이 들자 고수들의 연주를 듣고 싶어졌다. 그리하여 음반점(요즘은 인터넷으로 다운받아 듣는 음악이 많아 음반점이 드물다. 그래서 음반을 사려면 우정 시내로 나가야 한다)에 가서 색소폰 CD를 대거 구입했다. 열 장 가까운 색소폰 CD를 사버렸다. 점원이 이상하게 생각할 정도로. 그리고 차에 두고 출퇴근길에 줄기차게 들었다. CD 중에는 국내 가요도 있지만 해외 팝송과 세미클라식도 있었다. 그것들을 듣는 중 음악에 대한 시야가 넓어지는 듯 했다. 국내 가요야 대부분 알고 있는 노래니까 천천히 듣자고 팽개쳐 두었지만, 해외 팝송이나 세미클라식 쪽은 색소폰으로 어떻게 연주하는지 매우 궁금해졌다. 그러니 자연 후자 쪽을 열심히 듣게 되었다. 하지만 국내 가요든 해외 음악이든 집중해서 들으면 음악에 대한 새로운 안목이 생기게 된다. 아니 이럴 경우에는 안목眼目이 아니라 청목聽目, 아니 차라리 청이聽耳라고 해야 하지 않을까? 아무튼 음악을 가까이 하고나니 음악에 대한 새로운 눈이, 아니 귀가 떠지는 것을 느낄 수 있었다. 섬세한 음을 들을 때면 끝마무리를 대충 해버리는(실력이 그럴 수밖에 없지만)자신과 크게 대비가 되었다. 그리고 그런 음을 낼 수 있는 기교에 감탄을 하지 않을 수 없었다. 음악이란 이렇듯 섬세하지만 그런 경지에 오르기 위해서는 얼마나 노력을 해야 하는지조차 가늠이 되지 않았다. 이렇듯 색소폰 전문 연주를 자꾸 듣다보니 정말 고수의 색소폰 연주가 듣고 싶어졌다. 그야말로 세계적인 색소포니스트들의 연주를.

현존하는 세계 최고의 색소포니스트로는 3명이 주로 거론된다. 이른바 세계 3대 색소포니스트들이다. 그 첫 번째로 케니지Kenny G. Kenneth Gorerlck가 있다. 케니지는 우리나라에 특히 많은 팬을 갖고 있는데, 1990년대부터 인기를 얻기 시작한 세계 정상급 색소포니스트이다. 케니지는 소프라노 색소폰을 주로 연주하는데, 케니지를 통해 국내 재즈 붐이 일어났다고 해도 과언이 아니다. 케니지는 소프라노 색소폰을 통해 고음을 부드럽고 낭만적인 음색으로 표현하는데 대단한 능력을 가지고 있다. 나 역시 1990년대 케니지의 테이프를 듣고 색소폰의 매력에 흠뻑 젖었으며, 힘들고 어렵던 40대 시절에 많은 마음의 위로를 받은 기억이 있다.

다음으로 데이브 코즈Dave Coz가 있다. 케니지와 비슷한 시기에 세계적인 색소포니스트로 이름을 날리기 시작했는데, 케니지와 달리 알토 색소폰으로 주로 연주하고 있다. 데이브 코즈는 대중적인 연주를 함으로써 팬들을 사로잡고 있다. 내한 공연에서도 국내 가수의 노래를 연주하기도 했는데, 알토 색소폰을 좋아하는 우리나라 사람들 취향에 맞는 색소포니스트라고 할 수 있다.

또 다른 거장 색소포니스트로는 워렌 힐Warren Hill을 들 수 있다. 워렌 힐은 버클리 음대 출신으로 정통파 연주가라 할 수 있다. 워렌 힐은 라이브 콘서트에서 청중들의 열광적인 환호와 감동을 이끌어내는 연주자로 유명하다. 워렌 힐의 또 다른 특징으로는 자유분방한 연주와 알토 색소폰을 소프라노 색소폰처럼 다룬다는 점이다. 그러므로 알토 색소폰에 의한 엄청난 고음 파워는 가히 독보적이라 할 수 있다.

이 중에서 케니지를 제외하고 둘의 연주를 들은 적은 없다. 셋 모두 우리나라에 여러 번 온 것으로 알려져 있으나 연주회에 갈만큼 음악에 심취하지도 않았고, 솔직히 색소폰을 불기 전에는 이들의 이름도 몰랐다. 그렇기 때문에 색소폰을 불고 나서 소문으로만 이들의 명성을 들었을 따름이다. 하지만 이제는 다르다. 색소폰을 열심히 연습하는 음악도가 아닌가? 색소폰 고수의 음악을 듣고 그들을 흉내내려하는 초보자의 입장으로서는 그들을 경외하고, 그들의 음악을 듣지 않을 수 없다. 이는 단순한 음악 감상이 아니라 거룩한 행위이기 때문이다.

마지막으로 색소폰을 배우고자 하는 사람이 있다면 다음과 같은 조언을 들려주고 싶다. 우선 색소폰의 기본을 익힌 다음, 분다는 생각보다 연주한다는 생각을 하라는 것이다. 그러기 위해서는 처음부터 많은 곡을 부는 것을 권하지 않는다. 물론 처음에는 이것저것 불 수 있다는 사실 자체가 기분이 좋지만, 분다는 것과 연주한다는 것은 다르기 때문에 많은 곡을 불기보다 몇 곡이라도 정확하게 부는 것이 중요하다. 그리고 한 곡이라도 곡의 느낌과 분위기를 정확히 전달할 수 있도록 연주의 깊이를 다듬는 것이 중요하다 할 수 있다.

다음으로는 색소폰 키판을 짚는 운지법이야 기본이지만 같은 운지를 잡고서라도 강한 소리와 약한 소리를 구분해서 불어야 한다. 이것은 결국 연주라는 입장에서 볼 때 음악성의 차이라고 할 수 있다. 단순히 기계적으로 부는 것이 아니라 느낌을 넣어 예술성을 살리도록 훈련을 하라는 의미이다. 그리고 사람에 따라서는 빠른 곡을 현란한 손놀림으로 부는 것을 자랑으로 여기는 사람도 있지만 이것은 중요하지 않다. 진짜 어려운 것은 느린 곡 연주이다. 그래서 고수들은 느린 곡을 어떻게 부느냐에 방점을 찍는다. 느린 곡을 연주할 경우 호흡이나 섬세함에 따라 실력이 바로 표시나기 때문이다. 그래서 연습할 때는 느린 곡으로 하는 것이 좋다. 느린 곡이 실력 향상에 도움이 많이 된다는 이야기이다.

결국 색소폰을 제대로 불려면 소리를 내기보다 소리를 억제할 줄 알아야 한다. 도의 기본은 모두 마찬가지겠지만 어떻게 보면 역설적인 이 이야기에 모든 것이 함축되어 있다고 할 수 있다. 그런 내용 중에 색소폰을 불면서 빵 하는 소리부터 나오면 무조건 실격이다. 이것도 모르고 롱톤 연습을 한답시고 매번 빵 하고 소리를 길게 뽑았더니 한 동호회원이 절대 그러면 안 된다고 했다. 그러면 그냥 부는 것이지 섬세한 소리를 내는 훈련이 될 수 없다는 것이다. 비브라토라는 것도 소리가 날 듯 말 듯 하는 가운데 연습해야 되고, 그래야 나중에 아름다운 소리가 난다고 한다. 그 말을 듣는 순간 창피

한 생각이 들었다. 도대체 1년 동안 무엇을 한 것인가? 그냥 색소폰을 장난감 마냥 가지고 논 것에 불과했다는 생각이 들었다.

어느새 색소폰을 분지 1년 반이 가까워온다. 이론은 많이 주워들었지만 아직 제대로 연습이 되지 않고 있다. 마음이 급하지만 급할수록 기본 연습을 해야 한다. 이것이 바로 원장 선생의 주문이기도 하다. 도는 결코 하루아침에 얻어지는 것이 아닌 것이다. 서서히 서서히 연습하다보면 어느새 나도 색소폰 연주의 쌍벽이라 할 수 있는 '대니보이'와 '로라'를 연주할 날이 있을 것이다. 이 두 곡에는 색소폰이 할 수 있는 대부분의 기교가 사용된다. 그러므로 이 두 곡을 연주할 수 있다면 색소폰 연주의 고수라 할 수 있다. 요즘 출퇴근길에 대니보이와 로라를 반복해 듣고 있다. 들을 때마다 감미로움에 빠져들고, 그러다보면 나도 연주할 수 있다는 착각에 빠지곤 한다. 올 가을에는 친구들에게 몇 곡 연주해주기를 바랬지만, 그 시기를 조금 늦추어야겠다. 늦더라도 그것이 진정 제대로 된 연주가 될 수 있기 때문이다. 당초 금년 가을이라고 혼자 마음속으로 다짐했지만, 조금 더 늦추어야지. 내년 봄에는 필히 친구들에게 색소폰 연주를 들려주리라.

수필 · 정이식

아버지의 모자

언덕에 올라서자 멀리 바다가 보였다. 겹겹의 구름에 둘러싸인 첩첩 산봉우리를 지나 부서지는 하얀 포말이 절벽을 기어오르는, 아득히 먼 생각 속에만 머물던 바다가 보였다. 다리 아픔보단 바다를 보는 재미로 잠시 쉬어 갔으면 했지만, 아버지는 본체만체 그대로 길을 걸었다. 이끌리며 따라가는 내 눈은 가물거리는 바다에서 떨어질 줄 몰랐다. 우렁찬 숲길에 갇혀 바다가 보이지 않을 때에야 나는 아버지의 생각을 좇아 부지런히 몸을 놀렸다. 언덕이 끝나고 내리막이 시작되는 산길엔 고목으로 변한 느티나무가 붉고 흰 천으로 몸을 감싼 채 저 홀로 우뚝 서 있었다.

"던져보렴?"

아버지는 수북이 쌓인 나무 아래 돌무덤 위로 돌 하나를 주워 던졌다.

"떼구루루."

아버지가 던진 돌은 힘이 넘치다 보니 돌무덤에서 미끄러지며 내 앞으로 다시 돌아왔다. 나는 그 돌을 주워 나무 앞으로 가까이 가서 슬쩍 위로 던져 올렸다. 내가 던진 돌은 기특하게도 떨어지지 않고 수없이 많은 사람이 던진 돌 위에 오뚝하니 올라앉았다.

1954년 경남 산청 출생, 현) 경남 진주 거주
《문학사랑》 신인작품상 수상.
〈경남신문〉 신춘문예 동화 당선
제24회 《문학사랑》 인터넷문학상 수상
제34회 근로자문학제 은상, 글동네문학상 수상(2011)
한국문인협회. 문학사랑문인협회. 경남아동문학회 회원
한밭아동문학회. 대한사이버문학 회원
cis1623@hanmail.net, 010-4800-1623

"소원이 이뤄질 거야. 하하하."

아버지는 기분 좋은 웃음을 지으며 내 손을 잡았다. 소원, 그때의 내 소원은 아버지 손을 잡고 언제나 이 서낭당 산길을 오르내리는 것이었다. 그 소원이 바로 이루어진 셈이었다.

언덕을 내려서자 개울이 나왔다. 개울가엔 얇은 조약돌이 사방에 깔렸고 그 조약돌 사이사이로 선홍빛이 살짝 물든 구절초가 작은 바람에도 잎을 나풀대고 있었다. 아버지는 구절초를 밟지 않으려 모래더미로 발을 옮기며 개울 앞에서 잠시지만 멈칫거렸다. 내를 건너 산모롱이만 돌아가면 할아버지의 마을이었다. 아버지는 광산이 자리한 여기에 혼자 오며 할아버지 댁에서 하숙을 하였다. 고향을 떠나와 일가친척 하나 없는 객지에 살며 아버지는 사람이 그리웠다. 가족이 합류하여 광산촌 사택에 입주하여서도 그리운 사람을 잊지 못하여 하숙집 할아버지께 명절이면 인사를 다녔다. 이 전엔 형을 데리고 다녔지만 지난 설부턴 먼 길을 걷기에 아직 부족한, 나를 선택하였다.

처음으로 아버지 손을 잡고 이 산길을 오를 때엔 얼마나 기분이 좋고 또 좋았던지. 그때엔 저 개울이 꽁꽁 얼어 있어서 아버지의 손을 잡고 나는 신나게 미끄럼을 지치며 갔었다. 간밤에 비가 내려선지 징검다리 위로 물은 찰랑거려서 발을 벗지 않고는 내를 건널 수가 없었다. 강원도 북방의 10월은 찬 서리가 내리는 달이어서 발이 시릴 것같이 물은 차가워 보였다. 어떻게 내를 건널 것인가 아버지는 잠시 멈추며 생각에 잠겼다. 그러나 그 생각은 길지 않아서 아버지는 이내 신발을 벗고 바지를 걷었다.

"업히렴. 내를 건너야지."

허리를 굽힌 아버지의 등에 망설임 없이 나는 가슴을 붙였다. 아버지의 등은 설악산 대청봉보다 더 크고 더 넓었다. 나는 볼을 아버지의 등에 비비며 슬그머니 눈을 감았다. 그해 따라 추석이 늦되어 한계령 골짝의 웬만한 나무들은 붉은 옷으로 치장을 바꾸었고 더러는 뚝뚝 지고 있었다. 개울 찬물 따라 내려온 나뭇잎들이 아버지의 벗은 발 주위로 꾸역꾸역 몰려들었다. 그렇게 아버지가 나뭇잎과 동무하며 개울의 가운데쯤까지 왔을 때였다. 반갑지 않은 돌개바람이 회오리를 그리며 달려와 아버지의 중절모를 획, 낚아채버렸다. 한번 위로 솟구치던 아버지의 중절모는 바로 냇물로 떨어지며 붉은 나뭇잎들과 같이 아래로 떠내려갔다.

"어. 어."

내 엉덩이에 손을 받치고 있던 아버지는 어쩌지 못하고 알 수 없는 신음만 토해내며 떠내려가는 모자를 한참이나 바라보았다.

중절모는 아버지의 혼이었다. 집안의 큰일이나 중요한 모임이 있을 때에 아버지는 모자 다듬기에 많은 시간을 할애하였다. 행여나 모자에 구김이라도 생길까? 신경 쓰는 모습은 마을 사람들의 입방아에도 많이 올랐다. 그래서인지 아버지에 대한 내 기억의 시작은 언제나 중절모였다. 콧수염과 같이 중절모는 아버지에 대한 내 기억의 시작이자 또 끝이었다. 징용에 끌려간 일본의 아오모리 광산에서 아버지는 일제에 항거하는 표시로 동료들과 제법 비싼 돈을 주고 중절모를 사셨다. 추석 등 명절이 오면 아버지는 고이 모셔둔 이 중절모를 쓰고 떠나온 고향 생각에 눈물을 펑펑 쏟으며 아리랑을 부르곤 하셨다. 그때만 해도 상투 머리와 모시 적삼으로 대변되던 광산촌 산골 마을에서 콧수염에 중절모를 쓴 아버지를 마을 사람들은 영국 신사라 불렀다. 그런 아버지가 자랑스러워서 나는 크면 아버지처럼 콧수염을 기르고 중절모를 쓰리라 마음속으로 다짐하였다.

일곱 살이 되어 학교에 가며 처음으로 배운 것이 그림이었다. 글쓰기가 싫어 만지작거리던 그때에는 6색 크레용에 16절지 도화지가 전부이었지만 내게는 대단한 발견 거리였다. 하지만 나는 마구 칠해대는 재미가 있어서였지 솔직히 그림에 대한 소질은 손톱 끝만치도 없었다. 여름방학을 앞둔 어느 날 선생님은 아버지를 그리라 하였다. 다들 미술책에 나와 있는 하이칼라 아버지를 그렸지만 나는 그런 그림 위에 중절모와 콧수염을 더 그려 넣었다. 그 그림은 교내 실기대회에 나가 1등을 하였고, 그림의 그 자도 가당찮은 나에게 학교는 뭐 그리 대수라고 큰 상을 주었다.

그렇게 소중히 기억되는 아버지의 중절모가 냇물에 둥둥 떠내려갔다. 징검다리 위에서 잠시 멈칫거리던 아버지는 끙, 하는 작은 신음과 함께 나를 다시 추슬렀다. 그러곤 아버지는 묵묵히 징검다리를 건너갔다. 모자는 둥둥 떠내려갔지만, 아버지는 한 번도 뒤를 돌아보지 않았다. 이유를 알 리 없는 나만 저저 하며 큰 바위 곁을 돌아 모자가 보이지 않을 때까지 목을 길게 빼고 있었다.

그 개울을 다시 건너올 즈음엔 나는 철이 조금은 들어서 얼른 커서 돈을 벌어 아버지에게 중절모를 사드려야지 하고 마음을 먹었다. 어린 내 발을 찬물에 담그지 않으려 당신께서 그렇게 아끼는 모자를 포기하신, 그때부터 조금씩 아버지의 깊은 속마음을 알기 시작하였기 때문이다. 그날 이후의 내 일기장엔 수십 번도 더 중절모에 대한 그런 결심이 깨알같이 박혀있었다. 그러나 나는 아직도 아버지께 모자를 사드리지 못하고 있다. 내가 어른이 되고 또 돈을 벌기 전에 아버지가 내 곁을 떠나셨기 때문이다. 아버지처럼 콧수염을 기르지도 못하고 중절모 역시도 나는 아직 쓰지 못하고 있다. 이 또한 아버지께 중절모를 사 드리리란 어릴 때의 내 약속을 지키지 못한 후회가 냇물처럼 밀려들어서이다.

며칠이 지나면 추석이 다가온다. 그 개울엔 여전히 물이 흐를 것이고 아버지의 모자는 개울 어디 쯤에서 지금도 흘러가고 있을 것이다. 돌아가셔서 더 그리운 내 아버지. 아버지는 콧수염을 기르고 중절모를 쓰신 채로 내 기억 속에 언제나 청춘으로 남아 있다.

1097만 원짜리 땅콩의 맛은?

검색 창에 땅콩을 쳤다. 리턴, 회항, 등등, 땅콩과는 전혀 어울리지 않는 언어들이 우르르 쏟아진다. 심심풀이로 먹던 땅콩과 그 땅콩은 무슨 차이가 있는지 모르지만 갑작스레 땅콩이야기가 여러 사람들의 입을 타며 인터넷을 들쑤시고 있다. 땅콩하면 할 말은 내게 더 많다. 요즘도 땅콩이 담긴 봉지를 들고 다니기 때문이다. 땅콩은 내게 유일한 간식거리다. 모르긴 해도 나처럼 땅콩을 많이 먹는 사람도 드물 것이다. 그래서 그에 못지않게 땅콩에 얽힌 추억도 내겐 많다.

내가 땅콩을 처음 접한 건 아주 어렸을 때이다. 열 댓살 되었을까? 진학 못한 친구들은 촌에서 꼴지게를 질 적에 나는 그래도 수도꼭지를 빨았다. 월급도 없이 기술 배워준다는 꾐에 빠져 죽도록 일만 했지만, 그래도 서울 물을 남보다 먼저 먹었으니 수도꼭지를 나는 빨았노라 자랑스레 말을 하였던 것이다.

밥만 먹여줘도 고맙다는 생각으로 일을 하였으나 어쩌다 고향집에라도 가게 되면 사장님은 넉넉지는 않지만 차비를 쓰고도 남는 약간의 돈을 쥐어 주었다. 그래도 돈을 아끼려 나는 차비가 싼 밤기차를 이용하였다. 청량리역에서 밤 9시에 출발하는 보급이라 불리는 보통급행 열차는 목적지 강릉역까지 열두 시간을 달려 익일 9시가 되어야 도착 한다. 기차는 출발지인 청량리서부터 만원이다. 애초부터 앉을 생각은 안하였지만 배고픔은 면하기가 어려웠다. 삶은 계란 있어요. 심심풀이 땅콩도 있어요. 판매원의 손수레는 왜 그리 또 자주 지나가는지. 삶은 계란 한두 개쯤 사먹어도 괜찮을 터이지만 추운 날씨에도 양말이 없어서 발 벗고 다니는 동생들 생각에 선뜻 호주머니 속으로 손이 들어가지 않았다. 누군가 땅콩이라도 사서 껍질을 벗겨대면 고소한 냄새가 온 뱃속을 진동시키어 나는 눈을 더욱 꼭 감을 수밖에 없었다. 안 보면 먹고 싶지 않을 것이라 생각하며 몸을 돌려보았지만 땅콩냄새는 죽자고 내게 따라붙어왔다. 그때에 나는 돈을 벌게 되면 제일먼저 삶은 계란과 심심풀이용 땅콩을 산더미만큼 사서 배터지게 먹어볼 참이라고 다짐을 하였었다. 하지만 세상은 내 생각대로 녹녹치가 않아서 내가 마음대로 삶은 계란과 땅콩을 사 먹을 수 있도록 여유분의 경제를 만들어주지 않았다. 그러다 잠시 잊혔던 땅콩을 군대에 가며 나는 소원대로 먹었다. 철책 근처의 농경지는 주민들이 출퇴근하며 농사를 짓는데 그때엔 온 들판이 땅콩천지였다. 밤 보초근무는 지금과 달리 혼자 섰는데 근무시간이 보통 1시간이 넘어 지루하기 짝이 없었다. 가을이 되며 그 지루함을 땅콩이 덜어주었다. 알이 맺히기 시작하며 나는 땅콩을 뽑아 먹었다. 땅콩은 익히거나 볶으면 맛은 있지만 많이 먹으면 쉬 배탈이 난다. 날것으로 먹으면 아무리 먹어도 탈은 커녕, 물리지도 않는다. 특유의 비릿한 냄새가 처음엔 싫었지만 자주 대하자 이내 친근해졌다. 톡, 깨물면 비릿한 냄새와 함께 은단 향처럼 입안에 화하게 퍼지는, 이 싱그러운 맛 때문에 여직 생 땅콩을 나는 손에서 놓지 못한다. 가을이 시작되면 집에는 땅콩이 떨어지지 않는다. 내가 사지 않아도 내게 땅콩을 가져다주는 사람들이 많이 있어서이다. 시청에 다니는 딸아이는 직업상 재래시장을 자주 간다. 한 겨울에도 가끔 갈무리가 잘된 생 땅콩이 시장에 나오는데 보기만 하면 통째로 딸아이는 사온다. 이 땅콩은 집안 아니면 내가 다니는 직장 어디에 두어도 없어지지 않는다. 사람들은 땅콩을 날것으로 먹지 않기 때문이다. 단골주점 여주인도 땅콩사재기에 한몫을 한다. 평소 술안주로 생 땅콩을 즐기는 나를 위해 수확기에 생 땅콩을 많이 사다가 냉동실에 넣어둔다. 내가 가면 그 땅콩을 해동시켜 안주로 차려온다. 이런 정성이 쏟아지는 판이니 어찌 땅콩을 즐기며 먹지 않을 수 있을까? 엊그제엔 등산을 갔다가 같은 산악회원으로부터 큰 봉지에 든 생 땅콩을 선물로 받았다. 배낭 안에 땅콩을 넣어 와서 등산 중에 우물거리며 씹는 나를 눈여겨보았던 가보다. 지금은 날것인 채로는 보관이 어려워 말린 상태의 땅콩을 먹고 있다. 비릿한 맛은 없지만 상큼한 땅콩 특유의 맛은 사라지지 않아서 볶음이 따라갈 수 없는 순수의 향이 볼 안에서 넘친다. 가격도 그다지 비싸지 않아 경제적 여유를 따지지 않아도 좋은, 이 땅콩으로 인하여 한때 나는 신도 되었었다.

딸아이가 고3때에 담임선생님이 여가를 이용해 땅콩 이야기를 하였다. 뭐, 땅콩은 머리에도 좋고 그런 이야기였을 것이다.

"선생님, 우리아빠는요. 땅콩을 무지 좋아해요."

"그래? 네 아빠는 참 건강하시고 머리도 좋으시겠네. 땅콩을 많이 드시니."

나서길 좋아하는 딸아이는 여기서 하지 않아도 좋을 말을 해 버렸다.

"그런데요. 우리 아빠는요. 생 땅콩만 드셔요."

선생님은 날것의 땅콩을 먹어보았음이 분명하였다. 얼굴을 찡그리며 말을 하였다.

"윽. 그 비린 생 땅콩을? 네 아빠는 사람도 아녀."

"우리 아빠가 사람이 아니라뇨. 그럼 뭐란 말입니까?"

딸아이 말에도 일리는 있었다. 제 아빠를 욕하는 것처럼 들렸을 것이다. 하지만 역시 선생님의 재치는 빛났다.

"응? 그래. 네 아빠는 사람이 아니고. 음. 신이야 신."

신이 되지 못한 한 여인의 잘못된 땅콩타령으로 세상이 온통 들볶아지고 있다. 1097만 원짜리 좌석에 앉아서 먹는 땅콩은 도대체 무슨 맛으로 도배되어 있을까? 열세 살 어린나이에 밤새도록 배 골며 기차를 타고 가다가 누군가가 흘린 한 알의 땅콩을 주워 먹든 그때의 맛 만큼에는 어림도 없지 않을까?

가요황제 남인수를 기리며

진주 초장동에서 시작되는 말티고개, 그 입구에는 새미골이라는 마을이 있습니다. 지금은 골프장과 농협마트와 자동차 매매상으로 번잡을 이루지만 십 수 년 전만해도 이곳은 오지중의 오지였습니다. 고속도로가 나오기 전의 대구나 합천 의령 쪽에서 진주로 드는 유일의 길목인 이곳은 물이 좋기로 유명하여 마을 이름이 새미골입니다. 진주가 낳은 최고의 예술인 가수 남인수는 여기서 태어났습니다. 남인수 어머니는 고개를 오르기 전 힘을 축적하려는 행인들을 상대로 주막을 하였습니다. 물이 좋아서, 또 이 물로 담은 술이 좋아서 지나는 객들은 모두 걸걸한 막걸리로 목을 축이고 음식을 들었습니다. 지금도 새미골 물 맛은 좋아서 진주를 대표하는 막걸리를 여기서 만듭니다. 이름 하여 새미골 막걸리. 사람들은 남인수 막걸리라 부릅니다. 남인수의 어머니가 새미골 물로 술을 빚었고 새미골 물을 마시며 목청을 다듬었던 남인수를 기리고 있기 때문입니다. 어머니가 만든 새미골 막걸리도 분명 마셨을 것입니다

남인수는 1918년에 태어나서 1962년 6월26일 44세에 폐결핵으로 세상을 떠났습니다. 진주가 낳은 최고의 예술인임에도 그로부터 수십 년이 지나서야 남인수가요제가 진주에서 열립니다. 하지만 몇 해 안 가서 진주가요제로 바뀌었습니다. 남인수가 친일이라는 이유 때문입니다. 친일파 남인수. 과연 남인수가 친일이었을까요? 일제 말기에 남인수는 일본 가요 몇 곡을 불렀습니다. 조국광복을 확신할 수 없는 암울한 시기에 일제의 강요에 의한 행위를 친일이라 매도한다면 글쎄요? 그러나 조금만 그 시절을 되돌아본다면 우리는 왜 남인수가 일본 군가를 불러야 했는지 그 진상을 알 수가 있습니다. 남인수는 1942년에 강남의 나팔수라는 군가를 처음 부릅니다. 중일 전쟁때 나팔을 불던 일본 군인의 죽음을 찬양한 노래입니다.

이때의 남인수 나이는 24세입니다. 일제로부터 한국 학도병이 많이 참가한 남방에 위문단으로 참전하라는 강압을 받습니다. 천재 예술인이 전쟁터로 끌려가는 걸 막으려고 작곡가 박시춘은 대신 군가를 부르게 합니다. 그러나 일제는 계속 위문 공연을 가도록 압박을 가해왔고. 박시춘은 남인수를 보호하기 위하여 그때마다 직접 노래를 지어서 부르게 하였습니다. 1943년과 44년에 걸쳐 몇 곡의 군가가 남인수에 의해 더 불립니다. 이런 상황을 제대로 이해하지 않고 일본노래 몇 곡 불렀다고 친일이라 한다면? 이 땅에 친일 아닌 사람이 몇이나 있겠습니까.

때 아닌 남인수의 친일 열풍에 문화재로 보호되어 오던 남인수 생가도 생가가 아니라는 억지 주장에 밀려나게 됩니다. 남인수가 거기서 태어나지 않았다는 이유에서 입니다. 그 말이 거짓은 아니라 합니다. 생가로 지정된 집은 당시의 아버지와 온 가족이 기거하는 본 집이었습니다. 끼니를 굶는 가족을 위해 남인수 어머니는 본가에서 1킬로미터쯤 떨어진 말티고개 입구 새미골에서 주막을 하였습니다. 지금은 흔적도 찾을 수 없는, 이 주막을 사람들은 번지 없는 주막이라 회상합니다. 무허가 주막인 셈입니다. 거기 번지 없는 주막에서 남인수는 태어났습니다. 그러나 아버지와 형제들이 기거하는 본집이 있었고 또 남인수는 거기서 성장을 하였으니 본가를 생가라 부르는 것은 맞습니다. 태어난 곳만 생가라 친다면 이 세상 어린이의 생가는 죄다 산부인과 병원이 되고 맙니다. 근거도 없는 루머에 따라 엄연히 호적에도 등재되어있는 생가를 말살하며 문화재 보호를 해제하고 생가 표지판까지 떼어내는 행위가 과연 애국행위인지 깊이 생각해볼 필요가 있습니다. 일례로 친일 행적에 관한 논란에 휩싸여 있는 예술인중 서정주나 이원수는 엄연한 문학관이 존재해 있고 생가 또한 잘 보존되어 있습니다. 유독 남인수에게만 가혹한 친일의 잣대를 들이대어 매질을 가하는 것은 별로 좋아 보이지 않습니다. 남인수 개인도 일본 군가를 부른 치욕을 떨쳐내려

무단한 애를 썼습니다. 동란 때엔 정훈국에 자원입대하여 백인엽장군 휘하에서 일선 위문공연으로 공을 세웠고 가수로 대성하며 얻은 부를 가지지 못한 빈자를 위해 몽땅 출연하기도 하였습니다. 광복의 기미가 보이지 않는 암울한 시기에 천재 예술인이 살아가기 위한 방편으로 부른 일본 군가는 해석에 따라 친일을 불러 올수는 있습니다. 하지만 거기에 묻어버리기는 너무나 아까운 남인수의 예술성입니다.

남인수의 기일은 6월 26일입니다. 국내에는 피붙이 하나 남아있지 않아서 남인수의 제사는 어머니가 술을 빚던 새미골에 세워진 절, 견불사 스님이 지내고 있습니다. 새미골 새미는 근처의 절 마당가에 그대로 복원되어 있습니다. 이 절에서는 남인수를 기리기 위해 남인수가 세상을 뜬 6월 무렵이면 길일을 택하여 제사를 지냅니다. 남인수를 추모하는 많은 사람들이 이곳에 모여 예술인 남인수의 고귀한 삶을 되새겨보곤 합니다.

남인수. 노래는 사랑이며 밤을 밝히는 등불입니다. 사람은 가도 노래는 남는 것. 남인수를 기리며 그의 노래 애수의 소야곡을 불러 봅니다.

운다고 옛 사랑이 오리요만은 눈물로 달래보는 구슬픈 이 밤
고요히 창을 열고 별빛을 보면 그 누가 불어주나 휘파람소리

— 〈애수의 소야곡〉 박시춘 작곡. 이부풍 작사.

수필 · 한선주

타이어 진짜 신발보다 싸다

타이어 신발보다 싸다. 요즘은 이런 문구가 잘 안 보인다. 십여 년 전에는 유행어로 뜨며 펄럭이는 플래카드가 거리에 홍수처럼 쏟아져 나왔었다. 타이어가 신발보다 싸다고? 신발값이 얼마 안 되던 시기이니 누구나 호기심이 생길만 하였다. 그때에 남편도 싸다는 광고에 끌리어 차 타이어를 바꾸러 갔었다.

"말도 안 되네. 신발보다 몇 곱절 더 비싸구먼."

결국 바꾸긴 바꾸었지만 신발보다 싸다고 광고하면서 왜 이렇게 비싸게 파냐며 남편은 타이어 가게에 항의를 하였었다. '거짓광고를 믿은 사람이 잘못이지. 세상에 신발보다 싼 타이어가 어디 있남?' 나도 그때엔 그렇게 믿으며 핀잔을 늘어놓았다. 하지만 지금은 아니다. 진짜 신발보다 타이어 값이 더 싸다.

작은 딸애가 출근하자마자 집으로 전화를 해왔다. 승용차 지붕위에 신발을 얹어놓고 그대로 달려왔다고. 직장에 도착해서야 아차하고 찾아보니 신발은 없어졌다고.

"어디 길에 떨어졌겠지. 잊어라."

출근길엔 열 번도 더 신호를 기다려야 하는 복잡한 거리를 지붕위에 신발을 이고 달렸다면 떨어져 멀리 튕겨져 나갔을 것이다. 꼬

1958년 경남 합천 출생
현) 대구 달성 거주
계간 《문학사랑》 수필 부문 신인상 당선
(사)문학사랑문인협회, 대한사이버문학 회원
tjswn112@hanmail.net

리를 물고 달리는 자동차는 사정을 안 보아줄 것이다. 있더라도 이미 걸레가 되었을 신발을 나는 잊으라 하였다.

"엄마. 그 운동화 얼마짜리 인줄 알아요?"

딸애의 목소리가 귀청을 찢을 듯 카랑카랑 거렸다. 얼마짜리라니? 그냥 운동화 아닌감? 내가 신고 다니는 운동화는 3만 원짜리다. 5만 원 인데 세일 할 때 사서 그렇다. 요즘 아이들은 특히 딸애는 실속형이라 고급을 안 찾는다. 그저 신기 편하면 그만이다고 생각한다.

"얼마긴? 그깟 운동화."

"엄마. 멀 모르시네. 그 운동화 35만 원짜리야."

잘못 들었나 싶어 얼마라고? 하고 되물었다. 35만원이라니. 기가 찰 일이다. 금싸라기를 발랐나? 해괴한 생각도 다 들었다. 구두라면 그보다 더 비쌀 수도 있다고 생각 들었다. 또 딸애가 운동선수라서 그에 맞춘 신이라면 이해를 할 수 있었다. 그냥 허드레로 신는 운동화인데 그걸 35만원을 주고 산다니. 뒤로 자빠질 것처럼 머리가 휘청거렸다.

우리 때엔 신이란 개념이 별로 없었다. 그저 발바닥만 감싸면 대수였다. 어릴 적 산골에 살던 나는 운동화는커녕 고무신도 뒤축이 닮아 너덜거리는 걸 신고 다녔다. 그걸 신고도 불편한번 해본 적이 없었다. 그뿐일까? 합천 가야산 밑에 살았는데, 떨어진 고무신을 신고도 가야산 꼭대기기까지 잘도 올라 다녔다. 딸아이 나이쯤이 되어서도 구두에는 돈을 드렸지만 운동화에는 신경을 안 썼다. 길거리서 싸게 파는 운동화를 사 신었다. 보기 좋고 편하면 된다는 정신이 머리와 몸을 감싸고 있어서였다. 그래서 타이어가 신발보다 싸다는 말은 손님을 끌려는 유혹으로만 치부하며 살아왔다. 이제는 그 말을 믿을 수밖엔 없다. 남도 아닌 내 딸아이가 타이어보다 비싼 신발을 가지고 있기 때문이다. 진짜로 딸아이가 타고 다니는 경승용차 타이어 4짝보다 딸아이 신발값이 더 비싸다.

혹시나 해서 검색창으로 이봉주의 신발을 찾아보았다. 이봉주가

현역시절 신던 신은 2억 원이 넘는다고 한다. 최고의 기록을 가지려면 최고의 신발도 신어야 한다. 당연히 이봉주는 2억 원 아니, 더 한 금액의 신을 신어도 아깝지 않다. 그러나 딸애는 스포츠선수도 아니다. 그럼에도 왜 비싼 운동화를 샀을까? 제 벌어서 사는 신발까지 간섭할 마음은 없지만 문제는 그 신을 한번 신지도 않고 잊어버렸다는 것이다. 35만원을 돈으로 길에 뿌리면 고마워할 사람은 많다. 신발은 아니다. 그것이 2억 원짜리 이봉주의 것이라 하여도 찻길에 나뒹굴면 신발의 가치는 없어져버린다. 고스란히 돈을 내다버린 꼴이다. 속에서 천불이 올라왔지만 혹시나 해서 신발을 찾으러 나섰다. 딸애는 차분하게 운전하는 스타일이다. 커브를 돌때에도 너무 조심을 하여 뒤차로부터 경적을 많이 듣는다. 집에서 나갈 때의 큰 커브는 아파트 앞길이 우선이다 거기에 떨어지지 않으면 10차로 큰 길로 합류하는 지하도길이 또 커브가 세다. 일단 버스를 탔다. 왼쪽 뒤편에서서 옆과 뒤를 유심히 살폈다. 신발은커녕 비슷한 것도 보이지 않았다. 그래도 혹시 하며 열심히 거리로 눈길을 던졌다. 버스가 세 정류장에 도착할 즈음이었다. 비스듬히 누운 아침햇살을 받아 번쩍거리는 물체가 눈에 들어왔다. 신발이 틀림없었다. 쾌재를 부르며 버스에서 내렸다. 행운이 오늘 아침은 내 편이다. 그러나 달리는 자동차 사이를 뚫고 신발을 가져올 용기는 없었다. 발만 동동 굴렀다. 요행히 신호등 부근부터 차가 지체되며 편도 4차로 큰 길의 모든 차가 멈추었다. 때를 놓치지 않고 차 사이를 비집으며 달려갔다. 어떤 운전자는 경음기를 울렸다. 차 유리를 내리고 뭐하는 짓이냐며 나무라는 운전자도 있었다.

자동차에 여러 번 치었을 신발이 거짓말처럼 깨끗했다. 비싼 만큼이나 값을 하는 것 같았다. 한 짝은 찾았지만 다른 한 짝이 없으면 이 신은 무용지물이 된다. 인도의 성자 간디는 기차를 타다가 신발 한 짝이 벗겨지자 다른 한 짝을 벗겨진 신 쪽으로 던졌다거 한다. 한 짝으로는 신발이 아무리 좋아도 쓸 수가 없기 때문이었다.

그래도 오늘행운의 여신은 내게 있었다. 다시 나는 버스를 탔다. 찾았다. 아주 운이 좋은 날이었다. 다음정류장을 못가서 역시 3차로쯤에 뒤집힌 채 차로를 이고 있었다. 버스에서 내려서 부리나케 달려갔다. 이렇게 한 켤레의 신발은 다 찾았지만 뒤에 찾은 신발은 뒤축이 떨어지며 쪼그라져 기능이 상실되었다. 버려야 할 것 같지만 일단 딸애에게 전화를 하고 백 속에 집어넣었다. 명품은 명품대로의 값을 잘 해낸다. 수리를 요구하니 서비스센터로 보내라 한다. 얼마 뒤 흠집하나 없는 새 신으로 둔갑하여 배달되어 왔다. 신발이 웬만한 양복 한 벌 값보다 더 비싼 시절이 왔다. 앗! 타이어 신발보다 싸다. 이젠 정말로 이 말을 믿게 되었다.

변두리 살면 시민도 아닌지

불볕더위라더니 발바닥을 삶으려는 듯 디디는 곳들이 모두 용광로와 같다. 특히나 이곳 대구의 여름은 더욱 덥다. 이럴 때엔 택시를 이용하면 좋으련만 비용이 아까워 버스를 탄다. 8월이 시작되며 버스비가 올랐다. 요금 올린 것이야 2백 원이니 그리 많은 돈은 아니지만 문제는 노선이다. 지하철 3호선이 개통되며 아예 버스는 지하철이 안 다니는 곳으로만 집중 배차를 하였다. 어쩌면 당연한 일이지만 지하철이 안 오는 우리 동네와 같은 변두리 주민들의 불편은 말할 수 없이 커졌다. 미리부터 노선안내를 해왔지만 이에 대응해 아파트 부녀회를 중심으로 우리는 항의 전화를 시청에 수 없이 하였다. 내 경우만 하더라도 예전엔 버스 한번만 타면 되었는데 노선이 변경되며 환승을 두 번이나 하는 불편을 겪게 되었다. 시청에 나도 덩달아 몇 번인가 전화를 넣었었다. 환승은 30분 안에 하여야 하는데 안내를 보면 한 번에 내 직장까지 갈수 있는 길을 두 번이나 환승을 하여야 하고 또 배차 시간일 길어 30분을 넘겨야 버스를 탈 수 있으니 변두리 사는 서민들은 대구시민도 아니냐고. 노선을 변경한 사람들이야 이런 소리 이골이 나도록 들었을 것이다. 들려오는 대답은 한결같았다.

"적응이 되면 편해질 것입니다. 그때까지 좀 참으세요."

휴가가 끝나고 첫 출근하는 날. 드디어 일은 터졌다. 컴퓨터와 안내책자를 보고 메모를 하여 첫 환승지에서 내렸지만 기다리는 버스는 오지 않았다. 승객이 적다는 이유로 배차시간을 늦추었기 때문이다. 정류장표지판에 적힌 시청으로 전화를 넣었다. 30분이 넘어도 오지 않는 이따위 엉터리 배차를 왜 하였느냐고 따지니 옆 사람들이 통쾌한 듯 마구 박수를 쳐댔다. 말끔하게 생긴 여자가 악다구니를 퍼지르니 그들의 눈에는 신통하게도 보였을 것이다. 평소에 나는 이렇지 않다, 요조숙녀 이야길 들을 정도로 과묵하고 남에게 피해를 주지 않는 착한 여인이었다. 그러나 이건 아니다 싶을 때엔 어디서 용맹이 튀어나오는지 전사와 같이 다부지다. 하지만 항의는 그대로 끝이 났다. 좀 더 기다려보라는 말만 녹음기처럼 되 뇌였다.

내가 다니는 직장은 조를 짜서 일을 한다. 5명이 한조인데, 누구 하나라도 나오지 않으면 일이 안 된다. 만약 더 기다렸다가 버스를 타고가면 시작 시간보다 한 40분이 늦어지게 된다. 그러면 공장 기계도 못 돌리고 다 놀아야 한다. 마침 빈 택시가 눈에 들어왔다. 버스보다 몇 갑절의 요금이 나오겠지만 나는 덜컥 택시에 올라탔다.

"아니? 모범이라고 말을 했어야지요. 세워주세요."

그럼 그렇지 이 바쁜 시간에 빈차가 스스로 내 앞으로 오다니. 요금이 곱빼기나 비싼 모범택시였다.

"그냥 갑시다. 요즘 쪼끔밖엔 더 안 나와요."

그렇게 기사와 말로 토닥이는 사이 택시는 자꾸만 나아갔다. 기사 말대로 몇 푼 더나오겠지 스스로 위안을 했지만 눈은 요금이 올라가는 미터기 판에 꽂혀졌다.

"스톱, 스톱. 차 세워요."

아직 반도 채 못 왔는데 일반택시비를 다 잡아먹었다. 속이 부글거리며 열화가 치밀었다. 요금을 던지듯 앞좌석에 버려두고 차가 서자마자 번개같이 내렸다. 쾅, 차문을 세게 닫았나보다. 택시기사가 옆 유리를 내리며 내게 뭐라고 성질을 부렸다. 한참을 가지 않고 서 있는 택시를 보니 내가 좀 너무했나? 아쉬움이 생겼다.

대구의 택시는 탔다하면 돈 만원은 예사다. 몇 푼 번다고 값비싼 모범택시를 탔는지. 내가 생각해도 내가 참 한심하였다. 그러나 택시하면 내겐 안 좋은 기억이 더 많다. 택시도 대중교통이다. 대중을 위하여 운행을 하여야 한다.

점심시간을 이용하여 은행에 볼일을 볼 때였다. 돌아가야 하는데 택시가 안 잡혔다. 근처에 빈차가 한 대 있었지만 기사가 자고 있었다. 할 수 없이 자는 기사를 깨웠다. 잠을 잘 때엔 천하의 누가 가자 해도 가지 않는다는 기사를 달래고 또 윽박지르며 무조건 뒷자리에 앉자 뭐 이런 여자가 다 있어? 하는 표정으로 택시를 출발시킨다. 당연히 짜증 섞인 푸념을 해댔다.

"예쁘게 생긴 아지매가 강짜는 어디서 나오능교? 내 아지매 같은 사람 처음 봅니더."

손님을 손님으로 대해주지 않는 기사에겐 화를 낼 수밖에 없다. 내돈 내고 타는데 그 대접은 받아야 하지 않을까? 특히나 개인택시 기사는 많이 얄밉다. 고령의 나이에 택시를 끌다보니 안전 위주의 운전을 주로 한다. 바빠서 이용하는 승객의 입장을 알아주지 않는다. 신호 다 지키고 양보 다 해주고, 바쁠 때에 택시를 타는 나는 그래서 법인택시를 주로 이용한다.

출판기념회 관계로 서울 갈 적에 나는 택시를 탔었다. 새벽의 변두리라 택시를 고를 입장이 아니어서 개인택시를 탔는데 이게 화근이었다. 설치느라 혹시 빠트린 것이 없나 가방을 챙기느라 택시가 어디로 가는지 알 수 없었다. 차창에 스치는 풍경이 낯설어 왜 이리 가느냐 말하니. 이런? 원하는 곳이 아닌 동대구터미널로 간다기에 화가 먼저 벌컥 나왔다.

"동대구라니요? 그리 가면 안 돼요. 서부터미널로 가자했는데."

나는 서부고속터미널로 가자고 말을 하였다. 80은 되었지 싶은 기사아저씨가 잘못 들었음이 분명하였다. 기사아저씨는 두말 않고 바로 차를 돌렸다. 목적지에 도착하니 원래보다 배나 더 요금이 나왔다. 새벽부터 잔소리하기도 그렇고 얼른 차비를 앞자리에 던져놓고 내렸다. 혼잣소리로 툴툴대며 걸음을 옮기는데 기사아저씨가 나를 불렀다. 돌아보니 기사아저씨가 뒷머리를 긁적이며 내게로 왔다.

"생각해보니 지가요 말씀을 잘못 들었나 봅니다. 새벽에 버스를 타실 때엔 무척 바쁘실 탠데 턱없이 돌아다닌 죄는 저에게 있습니더. 기본요금만 받겠습니더."

두 손으로 공손히 내게 돈을 내민다. 아니라고 몇 번이나 사양했지만 끈질긴 기사아저씨의 권유를 뿌리치지 못했다.

"좋은 하루 되시이소."

딸 나이쯤 될 나에게 허리를 굽히며 돌아서는 기사아저씨의 귀밑머리가 새하얗다. 가슴속에서 먹먹한 기운이 샘처럼 솟아 올라왔다. 택시가 떠나가고 한참이 지나도록 나는 그 자리에 서있었다. 내 생각으로만 일관되게 남을 원망해온 내 자신이 한심스럽고 슬퍼져서였다. 워낙 많은 사람들이 치대며 살다보니 좋은 사람은 눈에 안 뜨이나보다. 저렇게 사려 깊고 인정 많은 기사님도 있는데. 싸잡아 택시기사를 매도한 내 자신에 깊은 반성을 하였다.

같은 맥락에서 생각해보면 버스도 시청의 말대로 적응이 안 되서 그럴 것이다. 환승버스를 제대로 숙지하고 시간을 맞추면 지금보단 더 적은 시간으로도 직장에 갈수 있을 것이다. 그리고 차츰 적응되어 갈 것인데. 변화를 거부하며 세상을 살아가긴 정말 버겁다. 출근 시간을 앞당겨서라도 변경된 버스노선과 시간을 따라야겠다.

마음을 나눠요

류인복 설악산행 외 1편

마음을 나눠요 · 류인복

설악산행

— 백담계곡 아기별

설악산을 유독 좋아한다기보다는 이왕 갈 것이면 설악산을 가자는 것이다. 설악산의 좋은 점으로야 산이 웅장하기 보다는 아기자기한 아름다움이 있고 같은 장소에서 보더라도 오전 오후의 풍경이 다르고 햇살의 강약에 따라서 달리 보이는 산이 설악산이니 계절별로야 더 말 할 나위가 있는가.

여태 설악을 20여 차례 다녀왔지만 갈 적마다 느낌이 다르다. 봄이나 여름도 좋지만 가을과 겨울의 설악은 한 번 가보고 다시 안 갈 수가 없는 곳이 설악산이다.

2005.10.14 친구 녀석들 6명이 밤 10시에 서울을 출발하여 14일 새벽3시경 인제군 북면 용대리에 도착했다. 처음 계획에는 설악산 등반 경험이 있는 친구들 4명이 가기로 하였는데 친구 녀석이 자기만 아는 두 사람과 같이 나타난 것이었다. 등반대장인 나에게 사전 허락도 없이… 난감했지만 친구의 얼굴을 생각해서 같이 가기로 결정했다. 처음 계획은 민박하고 새벽 으스름에 등반을 시작할 계획이었는데 초행자가 있어 눈을 붙이지 않고 새벽3시부터 오르기로 결정하였다. 새벽 3시니까 매표소에는 사람이 없겠지… 오산이었다. 자다가 나오는지 1인당 3200원이란다. 꼼짝없이 줄 수밖에 없

1952년 남해 출생
노동부산하 노동문제연구원 수료
현) 회사원
대한사이버문학 회원
dng54@hanmail.net

었다. 백담계곡에 들어서니 산천이 이렇게 조용할 수가 없다. 인적이 끊어진 산속은 적막감은 무서움마저 들었다. 하늘엔 별들이 무수히 많았다. 서울보다도 별들이 더 많은 것 같다. 사실이다 별은 불빛이 비치는 곳에서는 잘 보이지 않는 보석이다.

용대3리서 — 백담사를 출발점으로 하여 — 수렴동대피소를 거쳐 — 봉정암에서 108배 — 소청봉 (소청봉에서 약 1.3km의 거리에 이르면 설악의 주봉인 대청봉(1,708m) 정상) — 소청대피소 1박 — 희운각 — 공룡능선 — 마등령 — 오세암 — 영시암 — 백담사 (버스로 용대리)

백담계곡 아기별

류인복

잘 씻어 건져올린 보석처럼 반짝반짝
하늘을 손가락으로 쿡 찌르면
우수수 쏟아질 것 같은

백담계곡 칠흑같은 산길을
뚜벅뚜벅 걷고 있는
중년의 나그네들

아기별 어른별 따라오며
도란도란 이야기 하며
같이 가자 하건만

갈 길 먼 나그네들
모른 채 걷지만
새벽 어스름까지 조올졸 따르는 아기별 하나

이 길로 가세요 저 길로 가세요

새벽 산 길 인도하는
정겹도록 고마운 아기별 하나

각자 머리 위 랜턴을 켜고 걸어간다. 백담사 근처에 와도 사람소리 하나 들리지 않는 그야말로 적막강산이다. 1시간을 더 걸었다. 친구들이 저렇게 잘 걸을 줄이야… 앞서가는 친구들을 보니 산행이 순조로울 것 같았다. 3시간 정도를 걸어 영시암에 당도하니 날이 밝아온다.

*2005.10.21. 00:18

혈액순환 장애원인

혈액순환을 방해하는 원인은 크게 동맥에서 세포로 들어가는 0.01mm 미만의 미세혈관이 막히거나 좁아져서, 혹은 피가 탁하게 되어 혈액의 점도가 높아져서, 몸이 냉하게 되어 등등을 살펴보았다.

그러면 피를 탁하게 하는 원인만 제거하면 혈액순환은 잘 되는 것일까? 다시 말하면 혈액순환을 방해하는 원인만 제거하면 우리는 아프지 않고 건강하고 밝은 삶을 살 수 있는 것일까?

그러나 오늘날 우리가 사는 세대는 결코 혈액순환을 방해하는 원인을 제거할 수 없는 환경 속에서 살고 있다. 하루가 다르게 쏟아지는 환경 및 식품 오염과 각종 식품첨가물의 남용, 화학제품으로 가득 찬 생활환경 그 자체가 혈액순환을 방해하는 환경 속에 살고 있는 것이다.

이러한 각종 오염물질과 정신적 스트레스 등으로 인한 혈액속의 오염물질의 증가로 점차 병들어 가고 있다. 그래서 아프지 않은 사람이 없다고 할 정도이다.

현대의학에서 병의 원인이 세균, 바이러스, 유전자에 있다고 말하지만 한의학에서 보는 병의 원인은 순환장애 한가지뿐이다. 혈액속에 더러운 피(즉 어혈)로 쌓이게 되면 사람마다 각기 다른 증상의 병이 나타난다.똑같이 엉덩이에 어혈이 있다고 해서 모두가 똑같은 증상의 병이 있는 것은 아니다. 자궁에 물혹이 있을 수 있으며, 자궁근종, 방광염, 빈뇨, 불감증, 전립선염, 발기부전, 수족냉증, 관절염, 허리통증 등 다양한 병으로 나타난다. 어혈을 몸 밖으로 뽑아내어 막힌 혈관을 청소하면 혈액순환이 정상적으로 돌아온다.

그러나 이것만으로 병에서 벗어나기에는 한계가 있다. 병이 오는 원인이 단순하게 혈액순환 장애에만 있는 것이 아니다. 혈액순환이 되지 못한 원인이 있으며 그 원인을 해결해야 하는 것이다. 그래서 피를 탁하게 하는 어혈을 풀어주는 방법 또한 건강해지기 위한 필요사항일 뿐이다.

어혈이 만들어지는 원인은 세균, 바이러스의 때문이기도 하지만, 비장에서 어혈을 처리하지 못하거나 간에서 맑은 혈을 조율하지 못하기 때문이다. 비장과 간은 탁한 피의 원인이 되는 어혈을 제거해주고 독성분을 해독하는 기능을 하는 곳인데 비장과 간이 그러한 기능을 하지 못하기 때문이다.

그러면 왜 비장이나 간 등 몸 안의 장부는 정상적인 기능을 하지 못하는가 하는 의문이 또 생긴다. 그 원인은 간과 비장의 콘트롤 기관인 머리의 시상하부의 어혈이나 다른 원인으로 제 기능을 못하거나 척추의 틀어짐이나 협착으로 인해서 신경이 눌려있기 때문이기도 하다. 척추를 교정하면 건강해진다는 척추교정 시술이 널리 알려진 이유가 이 때문이다. 그러나 척추만을 교정한다고 해도 근육이 이미 굳어져 있기 때문에 또한 한계가 있다.

병을 해결하기 위해서는 그 원인이 될 수 있는 머리의 어혈도 제거하고 틀어지거나 협착된 척추를 바르게 하여 신경을 살려야 하고 맑은 혈액이 순환되어 근육을 부드럽게 해주어야 하며, 이로 인해서 장부의 기능이 정상으로 돌아와야 하는 것이다. 이것이 병들지 않고 건강하게 살 수 있는 방법이다. 머리나 각 장기에 혈액순환이 잘 되면 우리의 건강을 바로 잡을 수 있다.

끝으로 몸속에서 모세혈관을 막아 세포에 좋은 영양과 신선한 산소 공급을 방해하는 잘 흐르지 않는 피(즉 어혈=떡피)를 —고속도로에서 정속100km인데, 저속차량인 20-30km의 고장난 차 같은 탁한피를— 몸 밖으로 뽑아내어 핏길을 열어주자. 그러면 오장육부는 스스로 건강해져서 젊고 아름답고 활기차게 행복한 생활을 구가할 수 있으리라 믿는다.

자연정혈요법(어혈을 직접 제거)도 또한 그 한 방법일 뿐이다.

* 한가지 병이 드는 데는 3가지 이상의 장기의 기능에 이상이 있

기 때문이다.

* 자연정혈요법은 모든 장기의 어혈을 다스리고

* 머리의 어혈도 다스린다.

* 머리는 산소와 영양의 70% 정도를 소비하는 중요한 기관이며 오장 육부를 다스린다.

거의 모든 병증의 치료가 면역력을 높이고 바꾸어 말하면 체내 어혈을 풀어 피가 잘 돌게 하는 것이 거의 모든 한방치료나 민간의술의 근본이다. 피가 잘 돌아 몸의 체온이 올라가면 자연히 백혈구가 건강해져 세균성 질환을 퇴치할 수 있고, 피가 잘 돌면 적혈구가 자율신경 콘트롤을 하는 머리와 오장육부에 장기의 세포에 영양과 산소를 원활히 공급하여 세포가 건강하여 몸이 건강해지는 것이다.

류인복 생각입니다.

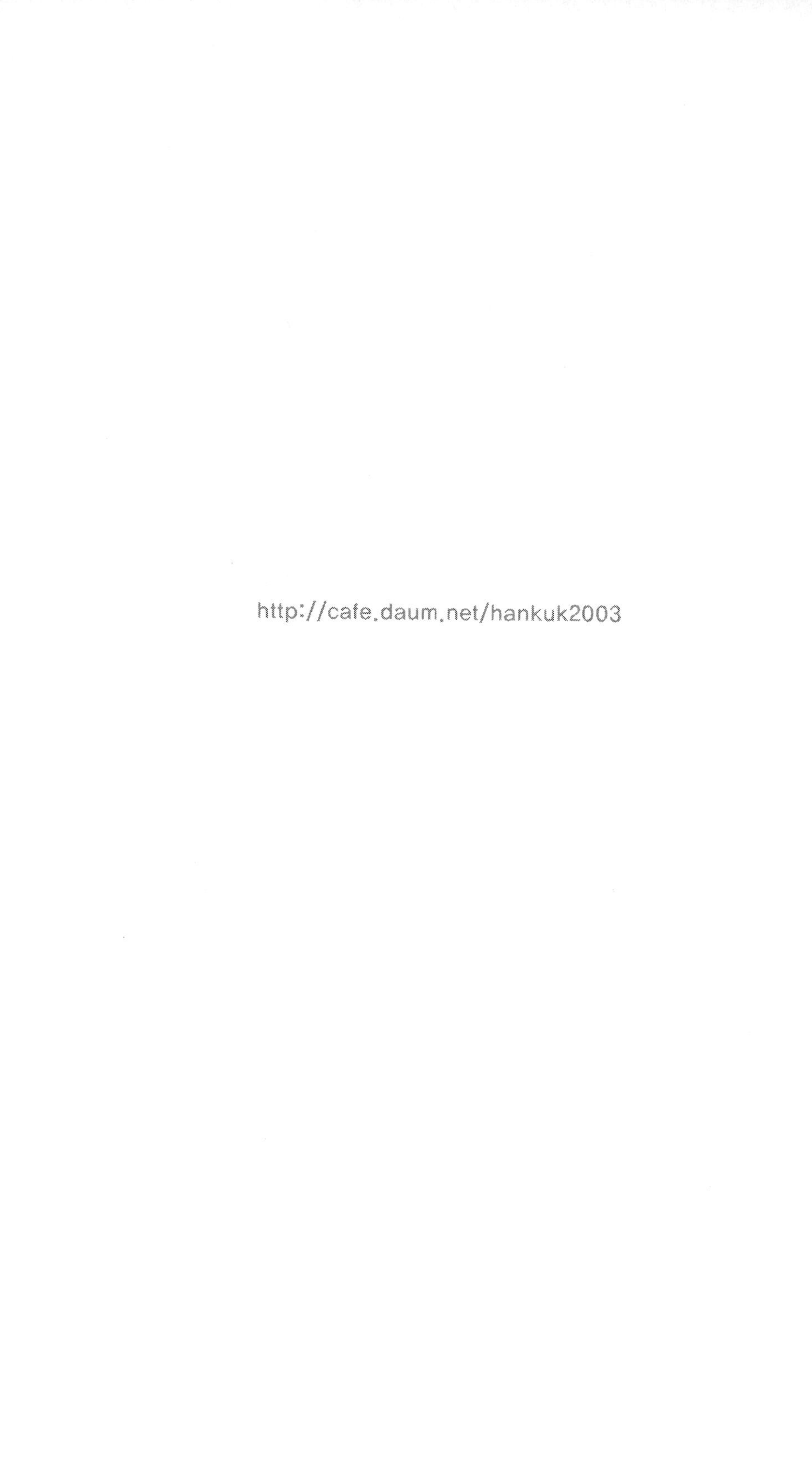
http://cafe.daum.net/hankuk2003

아동문학

박덕균 우정이 여무는 강가
정이식 겨울비 외 1편

동화 · 박덕균

우정이 여무는 강가

"기섭아, 순창이 왜 안 나오니?

"그러게, 청소당번인가"

삼복더위가 무색할 정도로 더운 날입니다. 구름 한 점 없는 하늘에 뙤약볕이 학교 담장 옆으로 늘어선 가로수들도 태워버릴 듯 이글거리고 있습니다.

언제나 그랬듯이 수업이 끝나자마자 철봉이 있는 교문 옆 가로수 밑으로 달려와 친구들이 모이기를 기다리고 있는 것입니다.

"너무 더워서 먼저 간 거 아니냐?"

"하지만 내가 제일 먼저 나왔는걸."

기섭이가 절대 그럴 리 없다고 정색을 합니다.

"뒷문으로 갈 수도 있잖아?"

"맞다, 그럴 수도 있겠다."

학교에는 후문이 없지만, 우리(?)만 아는 뒷문이 있다는 걸 잠시 잊었던 것입니다.

"일단 집으로 가보자."

급한 마음에 왕방울 같은 구슬땀을 훔치며 뜀박질을 재촉합니다. 동네로 들어서자마자 순창이네 집으로 달려갑니다. 언제 왔는지 순

1963년 경기도 여주 출생, 여주고 졸업
현) 여주시청 재직
계간지 《문학사랑》 시 부문 신인상 당선(2012)
(사)문학사랑문인협회, 대한사이버문학 회원
시집 『송전탑은 거기에 있었다』 발간(2015)
pdkun@daum.net

창이는 우물가에서 등목을 하고 있습니다.

“야! 너 먼저 가면 간다고 말을 해야지.”

“아, 그렇지. 미안 너무 더워 깜박했다.”

“이런 지랄, 뭐해 빨리 가야지. 다른 애들이 기다리고 있을 거야.”

요즘 우리는 물놀이에 푹 빠져 있었습니다. 강가가 집에서 일백 미터도 안 되니 우리들의 놀이터는 늘 강가인 것이 당연했습니다.

“노 가져가야지?”

“아버지한테 혼나는데.”

순창이가 머뭇거립니다.

사실 순창이네는 동네에서 두 집밖에 없는 배를 가지고 있는 것입니다.

“얼른 놀고 가져다 놓으면 되잖아.”

마지못해 순창이가 노를 가지고 따라나섭니다.

배를 가져가려는 이유는 강 한가운데 있는 양섬에 가려면 한참을 걸어야 하기 때문입니다. 가고 오는 것이 힘들기도 하지만 배를 타고 가면 몸으로 땀이 다시 스미기 전에 돌아올 수 있어 혼날 것을 각오하면서도 그 유혹을 뿌리칠 수가 없습니다.

“야호! 까르르 까르르~”

“끼야끼야 우히히 하하하~”

양섬에 도착한 아이들은 시원하고 재미있는 물놀이에 시간 가는 줄 모릅니다. 물놀이 하다가 모래성도 쌓고 물새알도 줍고 닭싸움도 합니다.

때로는 돌치기도 하는데 자갈밭에 있는 돌중에 제법 단단해 보이는 돌을 골라 서로 한 번씩 내려쳐 부서지는 쪽이 지는 놀이입니다.

모두가 물놀이에 정신이 없는 사이 해님도 열을 좀 식혔는지 서쪽 산자락을 기웃거리고 있었습니다.

“얘들아, 그만 가자. 이러다 늦으면 나 뒤지게 맞는다.”

순창이가 어서 가자고 서두릅니다.

“그래 그만 가자.”

“잠깐만 나 잠수 한 번 더하고.” 기섭이가 아쉬운지 꾸물거립니다.

“빨리 나와, 늦었어.”

모두 배에 올라 돌아갈 준비를 서두르는데 기섭이가 나오질 않습니다.

“야, 기섭이 왜 안 타?”

모두 기섭이를 찾는데 순창이가 얼굴이 하얗게 질려서 손가락으로 강가를 가리키며 소리를 지릅니다.

“야, 기섭이! 기섭이!”

그곳엔 기섭이가 물 밖으로 나오려고 버둥대고 있었습니다.

“어푸푸~ 어푸푸~”

나는 재빨리 물에 뛰어들어 기섭이의 손을 잡으며 다른 친구들에게 내 손을 잡으라고 소리쳤습니다. 하지만 내 손을 잡는 친구들은 아무도 없었습니다. 모두 놀라서 몸이 굳었던 모양입니다. 물 밖으로 뛰쳐나가려는 기섭이의 힘을 감당할 수가 없어 나도 같이 물 밖으로 나가기 위해 안간힘을 쓰다가 무의식중에 기섭이를 발로 차버리고 나와 버렸습니다.

죽을힘을 다해 밖으로 나와 물을 토하고 있는데 가까운 곳에서 동네 아저씨의 목소리가 들려왔습니다.

“야, 이놈들 거긴 위험한 곳인데 왜 거기서 노는 거냐?”

호통을 치시면 다가오는 아저씨는 동네에서 또 하나의 배를 가지고 물고기를 잡으러 다니는 아저씨였습니다. 아저씨가 고기를 잡고 돌아오시다가 우리를 발견하고는 재빠르게 달려온 것입니다.

“자자 이 녀석아, 좀 가만히 있거라.”

아저씨는 서두르지 않고 천천히 물속에서 허우적대는 기섭이를 배 위로 안아 올렸습니다.

“허허~, 녀석 물 좀 먹었구나.”

아저씨가 기진맥진해 있는 기섭이의 배를 탁탁 치니 기섭이가 물을 한 바가지도 더 토해냈습니다.

"이 녀석들, 다음부터는 이곳에서 놀면 안 된다. 이곳은 골재 채취를 하던 곳이라 위험한 곳이 많은 곳이야."

엄청나게 화를 내실 줄 알았던 아저씨는 그렇게 우리를 다독이고 동네 앞 강가에 내려 주시며 한마디 건네십니다.

"어서들 집에 가거라, 부모님 걱정하실라."

"네, 아저씨 고맙습니다. 안녕히 가세요."

친구들이 저마다 인사를 하고는 집으로 돌아갑니다.

나는 기섭이와 잠시 강가에 앉아 숨을 고르며 기운을 챙겨봅니다.

"기섭아, 미안해. 아까는 정말 미안했어."

"아니야 네 잘못이 아니잖아, 내가 빨리 왔으면 됐을 건데."

해님도 수줍은지 서쪽 하늘이 빨갛게 물들고 있고 저녁 강가에는 물고기들이 물장구를 치며 우정의 여운을 뿌리고 있습니다.

동화 · 정이식

겨울비

1.

가로등 불빛이 골목의 어둠을 쫓아내고 있는 새벽입니다. 허리가 많이 구부러진 할머니가 담벼락 그림자를 피하며 손수레를 끌고 있습니다. 바람이 불어오자 눈이 시린지 돌아서 뒷걸음을 칩니다.

"겨울이 아주 뿌리를 박을 작정이야. 추워서 큰일이네."

할머니의 볼멘소리가 하얀 입김을 달고 길바닥으로 깔립니다. 불빛에 비치는 할머니의 손가락은 빨갛게 부풀러 있습니다.

"휘잉."

차가운 손을 겨드랑이로 가져가는 할머니의 굽은 등위를 바람이 매섭게 훑고 갑니다.

2.

높다란 보험회사 건물의 그림자가 거리를 덮었습니다. 빛이 있는 곳으로 손수레를 옮기는 할머니의 손가락은 여전히 얼어있습니다. 손가락을 입안으로 밀어 넣으며 할머니는 긴 한숨을 몰아쉽니다.

"휴, 오늘은 밥값도 못 벌겠어."

재활용 쓰레기더미가 있는 길 언저리에 들고양이가 몰려있습니

1954년 경남 산청 출생, 현) 경남 진주 거주
《문학사랑》 신인작품상 수상.
〈경남신문〉 신춘문예 동화 당선
제24회 《문학사랑》 인터넷문학상 수상
제34회 근로자문학제 은상, 글동네문학상 수상(2011)
한국문인협회. 문학사랑문인협회. 경남아동문학회 회원
한밭아동문학회. 대한사이버문학 회원
cis1623@hanmail.net, 010-4800-1623

다. 마지막 볕을 받으려고 저희끼리 자리다툼을 합니다.

"저리 가. 쉬 쉬."

할머니는 손을 휘저어 고양이를 쫓아냅니다.

"양지라 따뜻하구나. 그러니 저 애들도 여기에 모이지."

할머니는 손수레를 세우며 고양이가 몰려있던 자리로 가서 털썩, 주저앉았습니다. 비 맞은 솜뭉치처럼 무거워진 몸을 담벼락에 기대자 스르르, 눈이 저절로 감깁니다.

"할머니. 이거 가져가세요."

건너편 빵집의 문이 열리며 아저씨 한 분이 종이뭉치를 들고 나옵니다. 할머니의 감겼던 눈이 번쩍 뜨여졌습니다. 퉁기듯 일어나며 함박웃음을 흘려보냅니다. 할머니의 손수레에 실려 있는 종이보다 더 많아 보입니다.

"고마워요. 사장님."

일어나며 손수레를 끌고 할머니는 육교 밑으로 내려섰습니다. 그때입니다.

"할머니. 비켜요. 비켜."

초등학교 3학년쯤의 아이가 탄 자전거가 쏜살같이 내리막길을 달려옵니다. 우물쭈물, 할머니가 망설이는 사이에 골목을 달려 나온 자전거는 할머니의 코앞에까지 왔습니다. 할머니는 앞으로 가려던 발길을 급히 뒤로 물렸습니다.

"어이쿠."

방향을 틀던 자전거에 정강이가 받히며 할머니는 앞으로 폭삭 꼬꾸라졌습니다.

"쿵."

육교 기둥을 들이받으며 자전거도 멈추었습니다. 아이는 자전거에서 떨어지며 아스팔트 위로 미끄럼을 탔습니다.

"야야. 괜찮나?"

몸을 일으킨 할머니는 절뚝거리며 무릎을 감싸 쥐고 아이에게 다가갑니다. 눈물을 찔끔 이는 아이의 얼굴은 길 먼지로 뒤덮이어 뿌옇게 흐려있습니다.

"저런, 병원에 가보아야겠다. 어쩜 많이 다쳤을지 몰라."

어깨 옷이 찢어진 아이를 끌어안는 할머니의 정강이에 피가 흥건합니다.

"저는 괜찮은데요. 할머닌 안 아프세요?"

"원체 늙어서 그래. 자전거로 인해 다친 건 없다. 네가 괜찮다면 다행인데. 그나저나 자전거가 못 쓰게 되었네. 내 잘못이니 고쳐줄게."

할머니는 손수레를 끌어다가 자전거를 싣고자 애를 썼습니다. 하지만 힘이 부쳐 자꾸 실수하였습니다. 아이는 자기가 고칠 거라며 그냥 두라 하였지만, 할머니의 고집을 막지 못하였습니다. 아이는 할머니와 힘을 보태어 자전거를 손수레에 실었습니다.

"내일 이맘때에 우리 다시 만나자. 내가 다 고쳐서 가져올게. 참 네 이름은 무어니?"

"네. 할머니 저는요. 준철입니다. 정준철요."

"그래. 준철아. 내 이름은 말이야. 분이야 분이. 김분이. 내일 만나자."

할머니는 자전거가 실린 손수레를 끌며 아쉬운 눈빛으로 건너편 빵집을 바라봅니다. 빵모자를 쓴 할아버지가 손수레를 끌고 오다 얼른 은행나무 뒤로 몸을 숨깁니다. 할머니의 눈길이 지나가자 빵모자 할아버지는 흘끔거리며 손수레를 다시 끌고 종이뭉치 앞으로 나아갑니다. 바람은 그칠 줄 모르고 볕이 물러간 거리를 다 차지하려는 듯 자꾸만 몰려옵니다.

3.

"할머니. 자전거 휠이 틀어졌어요. 이거요. 명품 자전거라 수리하려면 돈 꽤나 들겠는데요?"

자전거 집 아저씨는 쪼그려 앉은 할머니를 측은하게 바라봅니다. 할머니는 속주머니의 쌈지를 열어 천 원 몇 장을 꺼내 듭니다.

"내가 돈이 이것뿐인데, 돈 만큼만 고쳐주면 안 될까요?"

자전거 집 아저씨는 안타깝다는 표정으로 고개를 갸웃거립니다. 빈 비닐봉지가 자전거 집 담벼락을 기어오르다 길 건너로 날아갑니다. 겹겹을 껴입은 할머니의 옷자락이 바람을 이기지 못하고 마구 펄럭댑니다. 멀리의 나뭇가지에 내려앉는 비닐봉지를 바라보던 자전거 집 아저씨는 천천히 고개를 끄덕입니다.

"할머니, 제가 그냥 고쳐드리겠습니다. 할머니를 보니 돌아가신 어머님 생각도 나고요, 금방 고쳐드릴게요."

휘어진 바퀴를 움켜잡는 자전거 집 아저씨의 등 뒤를 돌아온 바람이 회오리를 그리며 주춤대고 있습니다.

4.

"오늘은 횡재하셨네요. 자전거 값이 종잇값 보다 더 많겠습니다."

종이 더미 위에 얹힌 자전거를 거머쥐며 고물상주인은 기분 좋게 웃습니다.

"안돼요. 이 자전거는 고물이 아닌걸요."

할머니는 고물상주인의 손을 뿌리쳤습니다.

"분이할머니. 집에 아이들도 없는데 누구 주려고요? 팔면 돈이 좀 될 터인데."

저울에 종이 무게를 달려고 뒤에 서 있던 빵모자를 쓴 할아버지가 나무랄 듯 묻습니다.

"그래요. 할머니. 자전거 포함하면 2만 원쯤 되는데요. 종이는 4천 원밖에 안 되어요."

자전거에 미련이 있는 듯 고물상주인은 할머니를 또 달래어 봅니다.

"됐어요. 됐고요? 그런데 애써서 모아온 종잇값이 왜 그것밖에 안

되나? 짜장면도 못 사 먹겠네."

"고물 값이 많이 내렸어요. 저도 후하게 셈을 치고 싶지만 .그게 어디 쉽습니까? 그래도 주위에선 우리고물상 조건이 제일 좋아요. 잘 아시잖아요?"

할머니는 입을 삐죽이며 고물상주인이 내미는 4천 원을 받습니다. 전깃줄을 타고 온 바람은 고물상 안에서 맴돌며 할머니의 낡은 목도리를 빼앗으려 애를 쓰고 있습니다.

5.

종이 더미를 내리고 값을 받아 쥐던 빵모자 쓴 할아버지가 손수레를 끌고 오는 할머니를 바라봅니다.

"분이할머니, 오늘은 수레가 바닥도 차지 않았어요. 그래서야 어디 밥 빌어먹겠어요? 저런. 무겁게 자전거는? 준철인가 하는 아이 아직 못 만났어요?"

고물상에 들어서며 손수레를 팽개치는 할머니의 눈가에 어린 눈물이 보석처럼 반짝입니다.

"일요일부터 해거름이면 그곳에서 죽치고 있는데, 그 아인 안 오는 거야. 나 때문에 잘못되기라도 했나 걱정이 도져 잠도 안 오고."

흐린 하늘만큼이나 할머니의 걱정도 깊어갑니다. 잔 나뭇가지를 올리어 할머니 앞의 불씨를 돋우어주는 빵모자 할아버지의 얼굴이 불처럼 벌겋게 달아 있습니다.

"분이할머니. 그날 아이와 다칠 때 말입니다. 빵집 건너편 육교 밑이었는데 혹시 다른 육교로 가신 게 아닌지요?"

"할아버지가 어찌 그리 잘 알아요? 본 것처럼 말하시네?"

빵모자 할아버지는 불에 덴 것처럼 화들짝 놀라며 벌떡, 자리에서 일어납니다.

"아니 아니요. 아닌데요. 내가 왜 거기? 보다니, 뭘 봐요? 빵집 주위는 얼씬도 하지 않는데요."

우스꽝스럽게 손을 휘저으며 말까지 더듬는 빵모자 할아버지를 물끄러미 바라보던 할머니의 머릿속에 번개 같은 생각이 떠올랐습니다.

"맞아. 내가 왜 그걸 몰랐지? 그날 육교 건너편엔 빵집이 있었어. 나는 엉뚱한 곳의 육교 밑에서 아이를 기다린 거야."

이글거리는 모닥불만 환하게 빛을 발하는, 고물상 바깥에는 어둠이 기다랗게 줄을 지어 있습니다.

6.

"빵집 주인도 야속하지, 이젠 내게 물건을 안 주네."

할머니는 빵집 안을 흘깃거립니다. 주인과 눈도 마주쳤는데 본척을 안 합니다. 할머니는 손수레를 육교 밑에 세우고 하늘을 바라봅니다. 어둠을 끌고 낮게 내려온 하늘이 깨알처럼 작은 빗방울을 서서히 토해내고 있습니다.

"끼익."

지나가던 승용차가 멈추었습니다. 점잖아 보이는 아저씨와 아줌마가 내립니다. 멀뚱멀뚱 바라보는 할머니 곁으로 다가옵니다.

"맞아요. 당신 눈이 참 예리하네. 우리 철이 자전거가 분명해요,"

아줌마는 손수레 위에 앉아있는 자전거의 손잡이를 어루만집니다.

"아닌걸요. 이건 댁들 것이 아닙니다. 훔친 건 더더욱 아니고요."

할머니는 자전거를 잡고 있는 아줌마의 손을 뿌리쳤습니다.

"할머니. 이 자전거요? 우리 아이 것이 맞아요. 돌려주지 않으면 경찰에 도둑으로 신고할 겁니다."

그새 내린 빗방울이 할머니의 머리를 은구슬을 쓴 것처럼 하얗게 가꾸어 놓았습니다.

"도둑이라니? 이 자전거는요. 이 자전거는."

울먹이는 할머니의 다음 말을 기다리는 아줌마의 머리 위에도 얼음처럼 차가운 빗방울이 쉬지 않고 내려옵니다.

"할머니."

길 위쪽에서 한 아이가 달려오며 할머니를 부릅니다.

"아니? 준철아. 너."

할머니와 아줌마는 달려오는 아이를 바라보며 동시에 소리칩니다. 아이는 얼마나 빠르게 달려왔는지 숨이 턱에 차올라 무릎을 구부리며 한동안 말을 하지 못하였습니다.

"할머니. 안녕하세요. 저, 준철입니다. 헉헉. 엄마, 내가 말씀드린 할머니야."

찬비를 헤치며 뛰어오느라 준철이 입술이 새파랗게 부르텄습니다.

"할머니. 다친 곳은 나으셨어요? 제가 얼마나 걱정하였다고요. 파스랑 약을 사서 뒷날 오후에 늦게까지 기다렸어요."

"아니? 준철아. 그럼 네가 말한 할머니가 이 할머니란 말이냐? 세상에."

"그럼. 엄마. 다음 날도 또 다음 날도 나는 자전거가 아닌 할머니가 걱정되어 여기에 왔었어."

"고물로 팔면 돈이 될 터인데, 돌려주려는 마음도 없었지 싶은데 할머니는 왜 지금 오셨어요?"

준철이 아빠는 옷에 묻은 빗방울을 털어내며 할머니 곁으로 다가섭니다.

"그게 그저. 콜록콜록."

할머니는 기침을 몇 번이나 하고 나서야 겨우 말문을 열었습니다.

"준철이지? 그래요. 준철이 자전거가 육교 밑을 건너던 내 탓으로 고장이 났어요. 자전거를 고쳐서 도로 주려고 그 뒷날부터 하루도 안 빠지고 나왔어요."

"그럼 왜 못 만났지요? 우리 준철이도 매일 나왔다는데?"

"사장님. 그거요. 그저. 이 추운 겨울에 웬 비람? 콜록콜록."

할머니는 또 한바탕 기침을 해대었습니다.

"장소를 잘못 알았어요. 저기 두 마당 떨어진 곳의 학교 앞에 육교가 있어요. 어제까지 그곳에서 준철이를 기다렸어요. 엊저녁에야 할아버지 한 분이 혹시 하며 가르쳐주기에. 콜록콜록."

"그러면, 할머니는 자전거를 고쳐서 일주일 내내 준철이를 만나러 나오셨단 말이지요? 여기가 아닌 다른 곳에 계셔서 그렇지만."

조금씩 떨어지던 빗방울의 세기가 더해갑니다. 준철이 아빠는 자신의 외투를 벗어 할머니 등에 씌워주며 비 내리는 먼 하늘을 바라봅니다.

"걱정하지 마세요. 할머니. 겨울에 비가 내리는 이유는요. 봄이 멀지 않음을 알려주려는 것이에요. 할머니가 계셔서 올해의 봄은 더 일찍 오지 싶습니다."

"할머니."

준철이는 다가서며 할머니의 양손을 잡았습니다. 할머니의 손은 차갑지만 따스한 기운이 속으로 흘러서 준철이의 손바닥을 타고 짜릿하게 전해옵니다. 할머니 굽은 등 위로 켜지기 시작하는 가로등 불빛에 하얗게 젖은 비가 소리 없이 내려오는, 겨울은 그렇게 천천히 물러가고 있습니다.

돼지국밥을 먹는 하마

"뭔 날씨가 이리 변덕스러워? 3월이 왔는데 진눈개비라니?"

팔짱을 낀 할머니의 허리가 자꾸만 구부려집니다. 처마 끝을 타고 내리는 빗물이 차가워 머리를 흔들어 봅니다. 길 건너편 인력공사 사무실 앞에서 젊은 청년 두 명이 힐긋거리며 할머니의 수상한 행동을 재미있어 합니다.

"이런 날은 국밥이 최고인데. 아마, 돈이 없을 거야. 쯧."

외국인 노동자가 분명한 젊은이는 할머니와 눈길이 마주치자 계면쩍은 웃음을 흘리며 얼른 고개를 돌립니다.

"참말로 개떡 같은 날씨구먼."

노란 모자를 쓴 환경미화원이 들어옵니다. 난로의 뚜껑을 열고 장작 두 개비를 집어넣습니다.

"여기 오면 고향집 아궁이 생각이 나요. 장작은 또 누가 이렇게 많이 가져다주었어요?"

"공사장 인부들이 모아두었다가 가져와요. 내가 참 복도 많지."

치맛자락에 달라붙는 얼음 알갱이를 털어내며 할머니는 주방으로 듭니다. 김이 몽글거리는 국밥은 금방 만들어져 미화원아저씨의 식탁에 올라옵니다.

"부러 도시락을 안 싸왔어요. 이집. 하마국밥 한 그릇 팔아주려고요. 하하하"

기분 좋은 웃음을 터트리며 미화원아저씨는 부추를 듬뿍 집어 국밥에 넣습니다. 휘잉, 이제는 바람까지 달려와서 허술한 국밥집 유리창을 뒤흔들어 댑니다.

"저기, 할머니. 하마 주세요."

조금 전 인력공사 문 앞에 서있던, 한눈에도 베트남인이 확연한 두 사람의 젊은이가 국밥집 문을 열며 들어옵니다. 문턱을 넘기도 전에 눈은 이글거리는 난로에 가 있습니다.

"어서 와요. 이렇게 추운 날은 국밥이 최고지. 하지만 국밥은 하마가 아니고 돼지입니다요. 어서 저기 난로 곁에 앉아요."

주름진 눈가에 웃음을 그리며 할머니는 부지런히 국밥을 만듭니다. 새벽부터 인력공사 사무실을 들락거리던 젊은이를 할머니는 보아왔습니다. 이렇게 궂은 날에는 공사장의 일은 더더욱 없어서 끼니를 때우지 못하는 일꾼이 더러 있음을 할머니는 잘 압니다. 뚝배기에 국밥을 가득 말아 젊은이의 식탁에 올려놓습니다.

"형아. 반장님이 가라 할 때 갔어야지."

몸매가 더 큰 동생이 숟가락을 들며 말을 뗍니다. 형은 주변을 의식하며 조용히 말을 합니다. 그 말투가 어찌나 또랑또랑한 지 돌아서 들으면 베트남 사람인지 누구도 모를 것 같습니다.

"혹시나 해서, 반일이라도 있을까 해서인데, 너무 놀았잖아. 이번 달 집세도 못 벌어 놓았는데."

딴에는 작게 말한다지만 할머니 귀에도 왕왕 들릴 만큼 식당전체에 쩌렁하게 형의 말은 울려 퍼집니다.

"할머니, 국밥 한 그릇만 줘요."

폐지가 가득담긴 손수레를 세워놓고 머리에 수건을 쓴 할아버지가 들어옵니다. 난로 가에 바싹 붙어 앉아 더운 국물을 훌쩍거리는 베트남 형제를 물끄러미 바라보며 조금 떨어진 자리에 앉습니다.

"봄이 오기 싫은 거야. 무슨 날씨가 이래? 그래요. 이런 날에는 그저 돼지국밥이 최고이지."

구시렁대는 할아버지를 따라 들어온 바람이 허술한 난로의 연통을 매만지다 스르르, 소리 없이 사라집니다. 간간히 부는 바람에 흔들리기는 하지만, 비는 그침이 없이 주룩주룩 내리고 있습니다.

"아이 추워. 언제 봄이 오려나? 할머니 국밥 하나요."

길가에 차를 세우기 무섭게 내린 트럭에서 기사아저씨가 뛰듯 식당으로 들어옵니다. 춥다하면서도 가장자리에 앉은 기사아저씨는 큰소리로 음식을 주문합니다. 폐지 손수레의 비닐덮개위에는 잠간 동안에 흥건히 물이 고였습니다. 그 사이에 뚝배기를 말끔히 비운 베트남 형제가 일어섰습니다. 계산대 위의 노란 하마저금통을 바라보며 싱긋 웃음을 짓더니 갑자기 호주머니 속의 손놀림을 빨리합니다. 아래 위의 주머니를 뒤집어보는 베트남 형의 얼굴이 차츰 일그러져갑니다.

"없어. 돈이 없어."

동생을 바라보는 형의 얼굴이 하얗게 바래졌습니다.

"아침에 분명 있었는데 어쩌나."

형의 눈가에 비치는 눈물을 바라보며 할머니는 혀를 찹니다.

"쯧, 돈을 잃어버렸나보네. 걱정 말아요. 두 사람 밥값은 좀 전에 나간 사람이 주고 갔어요. 아는 분인가 보던데?"

베트남 형은 빈 주머니를 다시 뒤집어 보며 고개를 갸웃거립니다.

"어디서 흘렸지? 그런데 누가요? 소장님은 아닐 테고. 누가 우리 밥값을 주고 갔어요?"

"왜, 내가 거짓말 할까봐? 저기 가네. 저기. 노란 모자 쓴 아저씨 말이야."

할머니가 가리키는 손가락 끝에는 비에 젖은 고양이 한마리만 손수레 바퀴 밑에 쪼그리고 있을 뿐. 어느 누구 사람은 보이지 않습니다. 베트남 형제는 진짜 노란 모자를 쓴 미화원 아저씨를 흘깃거리다 다시 눈길을 할머니에게 돌립니다.

"왜, 미안해서 그러우? 그럼 나중 돈 많이 벌어서 저보다 못한 사람에게 국밥 사구려."

고개를 주억거리며 뭔가 알아듣지 못하는 저들만의 말을 중얼거리며 식당을 나서는 베트남 형제의 뒤를, 조금은 가늘어진 빗줄기가 열심히 따라갑니다.

"할머니, 노란모자는 제가 썼는데요? 그리고 저 베트남 젊은이들 앞에는 아무도 나간 사람이 없어요. 할머니 거짓말 하신 거죠?"

국물 한 방울 남김없이 마시고 일어선 미화원아저씨가 계산대로 나옵니다.

"말하면 뭐하나? 젊은이가 미안해 할까봐 둘러대다 보니 그만, 하하."

싱그러운 할머니의 웃음이 후끈 달아오른 실내에 퍼집니다. 미화원아저씨는 국밥 값 5천원과 함께 1만원 지폐 한 장을 조용히 할머니에게 들이밉니다.

"할머니. 노란모자는 당연히 나고요. 그러니 내가 젊은이 밥값을 내는 것이 마땅하지요. 저는 또 월급도 받으니 할머니보다 살기가 낫잖아요."

받지 않으려는 할머니와 꼭 주려는 미화원 아저씨가 실랑이를 합니다. 그 사이에 밥을 다 먹고 일어선 폐지할아버지가 말을 거듭니다.

"듣고 보니 나도 찔리는 것이 많습니다. 평생을 남을 위해 돈 한 푼 쓴 적이 없으니. 이참에 나도 좋은 일 한번 합시다. 그 베트남 젊은이들 밥값 내가 내리오."

폐지할아버지는 비닐종이에 싸여있는, 몇 번이 접힌 1만원 한 장을 5천원과 함께 할머니에게 건넵니다. 할머니는 어찌할 바를 몰라 주춤거리며 어정댑니다.

"아. 내게 좋은 생각이 있어요."

채 밥을 뜨지도 않은 기사아저씨가 성큼 걸음으로 할머니 곁으로 다가옵니다.

"저기요. 하마저금통 있잖아요. 할머니. 어디서 났어요?"

계산대 위에 덩그러니 앉아있는 속이 모두 보이는 하마저금통 안에는 동전 여러 개가 바닥에 깔려있습니다. 노란 하마저금통은 사람 얼굴만큼이나 큽니다.

"저거요? 우리 손녀가 내게 선물로 준 것이지요. 잔돈이 모이면 저기에 넣어 불우이웃돕기에 보내주곤 해요. 그래서 국밥집 이름도 하마네 국밥인데 그건 또 왜?"

"이렇게 하면 어떨까요? 식권을 만들고요. 도움을 주고픈 사람은 국밥 한 개 값의 식권을 사서 하마에게 주는 겁니다. 인력공사에 나오는 외국인 근로자 중엔 아침을 못 먹는 사람이 많아요. 소장님께 부탁하면 선별하여 식권을 쓸 것입니다. 눈치안보고 떳떳이 국밥을 먹고 가도록, 그렇게 하면 어떨까요? 저도 1만원을 내겠습니다."

기사아저씨는 할머니의 답을 듣지도 않고 불쑥, 노란 하마 저금통 안에 돈을 넣었습니다.

"식권엔 노란하마를 그리고 '하마 한 마리' 이렇게 쓰면 좋겠는 걸? 하하하. 그것 참 명답이요. 명답."

미화원아저씨도 할머니에게 주려던 돈을 하마저금통 안에 넣었습니다.

"그래요. 가방끈은 짧지만 내가 들은풍월은 많아요. 맹호부대원으로 참전도 하였고요. 하마는 베트남에서도 우리와 같이 하마라 부른답니다. 그래서 베트남 젊은이가 들어서며 하마국밥 하는 겁니다. 저 젊은이는 내가 잘 알아요. 어머니가 라이따이한인데 우리 고물상에서 일을 해요. 하마. 참 좋은 하마입니다. 그 하마 두 마리를 남보다 먼저 살 수 있어서 무척 기쁩니다."

폐지할아버지는 눈물을 글썽이며 떨리는 손으로 조심스레 하마저금통에 돈 1만원을 넣었습니다. 빗줄기는 그 사이에 수그러들었는지 하마네 국밥 집 뿔 슬레이트 처마를 '토닥토닥' 가볍게만 두드립니다. 바람도 잠을 자는지 마당가 개나리의 노란 꽃잎이 도드라져 보이는, 봄은 이렇게 돼지국밥을 먹는 하마네 집에서부터 천천히 시작되고 있습니다.

소설

서혜원 이 미친 사회조차도 때로는 올바르다

소설 • 서혜원

이 미친 사회조차도 때로는 올바르다*

1.

얼굴에 와 닿는 시린 바람에 놀라 눈을 떴다. 목이 말랐다. 물심부름을 시키려 옆에서 자고 있는 동생을 돌아보았다. 그러나 안 된다는 생각이 퍼뜩 머리를 스쳤다. 어린 조카 셋 시중에다 처녀 조카의 까칠한 잔소리까지 받아주느라 심신이 고달플 동생의 곤한 잠을 깨워서는 안 되었다. 주방으로 나가려 몸을 일으켰다. 상체가 미라처럼 빳빳하게 일어서는 모습이 유리창에 비쳤다. 그 모습 뒤로 시커먼 산이 그림자처럼 서 있다. 섬뜩하게 높아 보인다. 갈증을 잠시 다독이며 창문 가까이에 섰다. 불을 켰다. 벽시계를 올려다보았다. 분침의 끝이 다섯 시 정각으로 올라서려 안간힘을 쓰고 있다. 불현듯 힘들게 오래 살아왔다는 느낌이 들었다. 하긴 힘들다는 그 자체의 의미도 퇴색된 지 오래되었다.

불빛이 눈이 부신지 동생이 옆으로 돌아눕는다. 불을 끄고 거실 쪽으로 난 방문 손잡이를 당겼다. 사사삭, 새벽의 정적을 헤집는 소리에 놀라 우뚝 멈췄다. "스스슥 사사삭…" 금속과 종이가 마주 부비며 내는 소리인 것 같은데, 마치 풀숲을 기어가는 뱀의 소리처럼 차갑고 으스스 했다. 소리가 멈추자 곧바로 계단을 뛰어오르는 발

1951년생 출생
《수필문학》 등단
《문학사랑》 제10회 인터넷문학상 수상
한국수필가협회, 문학사랑문인협회, 군포문인협회 회원
한국문인협회, 한밭소설가협회 회원
대한사이버문학 설립자
cryingbird50@hanmail.net

짝 소리가 들렸다. 삽시간에 위층 계단으로 뛰어오르더니 또 금세 아래로 굴러 내렸다. 그때 이층집 현관문이 벌컥 열리며 제식 훈련 대장처럼 발성이 잘된 남자의 목소리가 새벽의 정적을 갈랐다. "임마! 조용히 좀 못 다녀!" 신문 배달원의 발짝 소리보다 꾸짖는 남자의 소리가 더 커 듣기 고약했다. 그러나 신문 배달원은 이미 아파트 계단 아래로 달려 가버린 후였다. 나도 모르게 가슴 졸이던 순간이 사라졌다. 더 이상 곤욕을 치루지 않게 된 배달원에게 마음속으로 힘찬 격려의 박수를 보냈다. 통쾌했다. 문득 성실한 사람들의 발밑에서 다져지고 있는 세상이 뭉클 가슴에 와 닿았다. 바삐 달리고 호되게 쫓겨도 당황하지 않고 넘어지지 않는 숙련된 발걸음이었다.

한 알의 밀알이 썩어야 아름다운 결실을 맺는다는 고귀한 삶, 정의라는 이상주의에 현혹돼 세상의 중심에 서 보려 방황하던 내 젊은 날로 인해 난 현실적인 기반을 영원히 상실했다. 학생 운동에 적극 가담했던 지난날들을 후회하지 않겠다는 것은 나한테는 그저 자존심일 뿐, 나의 현실은 이미 그때 모두 잃어버린 것이다. 이 시간, 초등학교 육학년인 큰 아들 혁이도 어느 아파트 동인지는 몰라도 저런 계단을 숨을 헐떡거리며 오르내리고 있을 것이었다. 혁이는 내게는 비밀로 해달라고 누나와 삼촌에게 신신당부를 하였다고 한다. 솔직히 그 일을 차마 하라고도, 못하게도 할 수 없어 아는 척 하지 못하고 있었다. 지금 호되게 혼이 나고 있는 저 배달원이 내 아이일 수도 있겠다는 생각이 들지만 난 쫓아가지 않는다.

2.

현관문 틈새를 반쯤 밀고 들어온 신문은 조신하게 일면 제목을 드러내놓고 있었다. 가만히 끌어냈다. 인쇄 냄새가 오늘따라 비위에 거슬린다. 역겨움을 참으며 신문을 주워 들고 주방 싱크대로 갔다. 냉장고 문을 열고 물병을 찾아들 새 없었다. 씽크대 위 수도꼭지를 잡아 비틀었다. 철철 넘치는 물바가지를 들어올렸다. 바가지에 얼굴전체를 처박듯이 하곤 물을 마셨다. 오장육부가 반란을 일으키는 듯 했다. 진저리가 쳐졌다. 주방 불을 켜고 엉거주춤하게 주저앉아 신문의 제목을 훑어나갔다. 사회면에는 여전히 입소 반대, 화염병 투척 등 날로 과격해가는 학생들의 시위 사진과 기사가 한 면의 절반을 차지하고 있었다. 젊음의 피는 뜨겁고 순수했다. 그래서 현실보다는 이상에 치우치기 쉬웠다. 때문에 간혹 그들의 순수한 혈기를 이용해 정치적이거나 이념적인 목적을 달성하려는 불순세력이 있었다. 때 묻지 않은 학생들과 순수 단체 대표들을 기술적으로 이용하였다. 그들은 순수하기에 알지 못했고 국민은 단체에 대한 신뢰 때문에 불순세력에 침투를 눈치 채지 못하였다. 때문에 그들은 혼란한 정국을 맘껏 활용할 수 있었다. 다음 면으로 넘어갔다. 문화면에는 안면이 있는 얼굴들이 사진으로 근황을 알리고 있었다. 신문이나 텔레비전을 통해 매일 만나는 사람들이었다. 그들의 소식을 접할 때마다 마음이 좋지 않다. 이따금 그들의 모든 것들이 내 것인 양 느껴지며 괜히 화도 나고 억울해지곤 한다. 그럴 수 없는 것인데, 나한테만큼은 정당한 거래였었는데도 난 이렇게 이따금 주체 못할 증오심을 느낀다. 그들이 누리고 있는 것들에 대한 질투였다. 그렇게 신문의 제목을 훑고 난 후에야 입안의 갈증을 다시 느꼈다. 일어나 수도꼭지를 다시 비틀었다. 조금 전보다는 여유 있게 물을 마셨다. 뻣뻣하게 당겨져 올라가던 뒷목 줄기가 다소 풀리는 듯했다. 그와 동시에 타오르던 질투와 증오의 감정도 육신의 편안함과 함께 합리적이며 유연하게 풀렸다. 아이들 방문이 열렸다.

"삼촌, 냉장고에 보리차 있어요."

숙이의 졸음 담긴 어눌한 목소리가 들렸다. 순간 가슴이 짠하게 아파왔다. 수도 물에 얼굴이 젖은 탓인지 눈물마저 핑 돌았다. 숙이는 영락없는 제 어머니였다. 음성마저 제 어머니, 누님을 쏙 빼어 닮았다.

"됐다!"

어느새 시중을 자청했던 숙이는 내 거절에 별 불만 없이, 잠이 덜 깬 눈까풀을 아래로 내려뜨리고 아이들 방으로 되돌아갔다. 잠시 후 세 아이들에게 아침을 먹여 등교시키기 위해 일어나야 하는 숙이였다. 낳은 엄마도 하기 힘든 일을 미혼인 숙이가 맡고 있었다. 조심성 없는 행동으로 숙이의 새벽잠을 깨운 게 미안했다. 신문을 들고 방으로 들어왔다. 곤하게 잠 든 동생의 발밑을 돌아 산이 보이는 창문께로 갔다. 살며시 창문을 열었다. 어둠은 짙고 날씨는 아직도 퍽 쌀쌀했다. 아파트 뒤곁 전체를 막고 선 산은 조금씩 어둠 속에서 빠져나왔고 점점 더 선명하게 눈에 들어오기 시작했다.

3.

신혼시절 아내는 저 산을 바라보며 우리들의 미래를 꿈꾸곤 하였었다. 우리들의 사랑은 숲속 나무 잎새처럼 푸르고 바위처럼 단단하게 여물 것이라고 하였다. 사춘기 소녀티를 벗어내지 못한 채 결혼이란 굴레를 쓴, 어찌 보면 가엾은 여자였다. 그래도 난 아내의 유치한 발상과 감상, 풍부한 감수성을 사랑했다. 귀여웠다. 그리고 고마웠다. 미래가 없는 나 같은 남자를 남편으로 선택해 가정을 갖게 해 준 아내에 대한 내 사랑은, 그 어떤 시련도 견뎌낼 수 있어야 한다는 것이었다. 그리고 사실 그래야 했었다. 아내는 나보다 십년 연하에다 나이만큼 풋풋하고 눈에 띄게 예뻤다. 그때는 그 어떤 상황이란 것을 구체적으로 떠올릴 수 없었다. 그저 고맙고 감사할 뿐이었다. 어쨌든 그때는 예측할 수 없었던 그 어떤 상황이란 것이 바로 이런 것이었다는 것을 알게 되었을 때, 난 아내의 넘치는 에너지에 경악하며 방법을 동원해 막을 수 없는 광기라면 차라리 그 에너지가 다 할 때까지 기다리는 것이라고, 아내의 개과천선의 날을 여유 있게 잡았다.

내가 우리들의 미래에 걸 수 있는 것이 있었다면, 태어나고 자라나는 어린 가지들에게 비옥한 경제적 토양을 마련해 주는 것이었다. 내가 아내와 아이들에게 해줄 수 있는 일은 그것 밖에 없다고 생각했었다. 그 일만큼은 가능할 것이라 조금 자신했었다. 왜냐 하면 그때까지 음지에서의 내 수입은 꽤 괜찮은 편이었다. 그러나 지금 아내의 꿈과 나의 소망은 이 집안 그 어디에도 남아있지 않았다. 내다보이는 저 산 중턱 넉넉한 자리에 난 아내의 무덤을 만들었다. 물론 마음 속으로였다. 내가 알고 있는 아내의 마지막 외도는 저 산 등성이 너머에 새로 설립된 전문대 교수와의 관계였다. 내 의뢰인으로 내가 준비해 준 논문으로 석사 박사 학위를 받아 늦깎이 교수가 된 사람이었다. 게다가 그는 논문 대필요금도 지불하지 않았는데, 그러니까 논문 대필 값은커녕 논문완성에다 덤으로 아내까지 얹어 간 요상한 거래가 벌어지고 말았다. 그들은 내가 묵고 있는 숙소를 드나들면서 만나게 되었다. 논문이 통과되고 대금을 받기 직전, 둘의 관계가 남자의 아내로 인해 불거져버린 것이다. 대필 요금을 챙길 겨를이 없었다. 아무튼 그들은 집에 자주 들어가지 못하는 내 허점을 자유롭게 이용했다. 아내에게 열정의 상대가 자주 바뀌고 있는 것은 어렴풋이 짐작하고 있었지만 모른 척 넘겨주면 모른 척 돌아오리라 믿고 싶었다. 이번에도 그렇게 넘어가려 했었다. 아이가 세 명인 아기 엄마의 끝은 누가 보아도 뻔했다. 결국은 자식들의 곁일 수밖에 없을 거라 믿으며 애써 문제 삼지 않았다. 난 도피자로서의 절망을 체험할 때부터 일찍이 세상에 내 것이라는 것은 없다는 것을 알게 되었다. 목숨이 경각에 달려있는 사람에게 생존 이외의 것들은 절대로 중요하지 않았다. 아내의 마음도 마찬가지였다. 상대방에게 이미 떠난 마음을, 법에 의존해 부동산처럼 소유권을 주장하려드는 것은 보기 좋은 모습이 아니었다. 욕심 부리지 않기로 하였다. 아내의 편에 서서 모든 걸 생각하면 벌어진 이 상황을 이해 못할 것도, 용서 못할 것도 없었다.

탄압의 시대에 끌려 가 고문으로 거짓 자백을 해 애먼 사람을 죽음 속으로 밀어 넣지 않은 채, 용케 잘 지킨 목숨이었다. 아내의 불

륜을 사건화 시키면 어떤 결과가 나타날지 예측불허였다. 내가 만들어 준 논문으로 학위를 받고 사회 각층의 지도자로 살아가고 있는 그들이 나를 온전하게 놔둘 리가 없었다. 적어도 그들은 내 입을 막으려 사생결단도 불사할 것이었다. 내가 살아남는다는 확률은 거의 희박하다고 하여야 할 것이다. 또 이건 내가 죽어 없어진다고 해서 가볍게 해결 될 일도 아니었다. 어찌되었든 간에 어떤 방향으로든지 사건이 확산되어서는 안 되었다. 여러 사람들의 명예가 훼손되고 그로 인해 사회에서 영원히 매장되는 사건이 일어나서는 안 되었다. 그 사내에게 나의 약점은 아내를 차지하기 위한 위협 대상이었다. 당분간 아내는 그 남자의 집착에서 쉽게 벗어날 수 없을 것 같았다.

아내를 사랑으로 다스리지 못한다고 비난하고 원망해도 별 수 없었다. 난 더 이상 그 어떤 사건에도 휘말리기 싫었다. 휘말려서는 안 되었다. 그들은 내가 사건을 만들지 않을 거라는 것을 약점으로 내심 안심하는 눈치였다. 큰 기대 없이 시작한 결혼생활이기는 하지만 비참해지는 건 싫었다. 참기로 했다. 보살핌이 많이 필요한 아이들 셋은 때 맞춰 찾아온 조카와 함께 살고 있던 동생이 어쩔 수 없이 맡게 되었다.

그런데 가만있는 나를 들추겨 문제를 만들고 싶어 하는 건 남자 쪽의 부인이었다. 남자 쪽 부인의 협박에 못 이겨, 내키지 않았지만 아내와 그 남자에게 몇 차례 경고와 주의를 주었지만 그들은 헤어지지 못하였다. 아내 단속을 주문하는 상대편 남자의 아내는 날마다 전화를 해 둘의 관계를 멈추게 해달라고 닦달을 하였다. 우린 둘 다 같은 입장인데도 머리 숙여 사과하는 쪽은 항상 나였다. 하지만 둘의 관계가 개선될 조짐이 보이지 않자 그녀는 기어이 내게 "병신새끼"라는 욕설과 패배 앞에서 내세우는 자존심, 끝까지 그냥 두지 않을 거야. 라는 협박을 마지막으로 더 이상 연락해 오지 않았다. 하지만 이번에는 아내도 된통 걸린 듯하였다. 상대방 남자는 나와 함께 침몰할 결심이 서 있는 듯 아내를 몰아세우는 눈치였다. 난 아내를 놓아주기로 하였다.

그러던 어느 날 아내는 가출을 하였다. 남편과 자식을 다 포기한 가출인지, 주체 못할 열정으로 인한 일시적 가출인지 방향을 잡을 수 없었던 나는 아내가 스스로 돌아오기를 기다렸다. 돌아올 거라 믿고 싶었다. 그러면서 논문대행업도 사향 길로 접어들었다. 이 일을 흉내 내는 후배들의 숫자가 많아지면서 자연스럽게 세대교체가 이루어지고 있었다. 당연히 전공도 세분화되었다. 모든 과목을 다 맡아 해주는 나 같은 사람을 의뢰인은 신뢰하지 않기 시작했다. 그러니까 논문대행도 하나의 직업으로 경쟁력을 갖기 시작한 것이다. 그동안 돈 관리를 아내에게 맡겼던 터라 아내가 가출을 하자 난 돈 한 푼 없이, 쫓겨 다니던 시절처럼 다시 빈털터리가 되었다. 메뚜기도 한때라고 한동안 넉넉했던 내 경제는 재기할 수 없는 파탄에 빠지고 말았다. 나는 숨어살던 때에 어둡고 추웠던 시절로 되돌아가는 똑같은 절망을 다시 되풀이하고 있었다.

4.

의뢰인으로 만나왔던 연상의 여자와 살림을 시작한 것은 바로 그 때였다. 내 아내가 날마다 집을 비우는, 남편의 부재로 인한 고독을 견디지 못해 남자를 만나기 시작했다면, 난 인내하기 힘든 상황으로부터의 도피로 여자를 선택했다. 때문에 난 아내를 이해하고 있었다. 아내는 사랑의 환상을 쫓고 난 돈을 쫓았다. 지금 상황에 아내가 건실하게 곁에 있어 주었어도 나는 이 여자를 선택하였을 것 같았기 때문이었다. 그것은 곧 아내가 돌아오기를 기다리면서도 다른 여자의 손을 잡았다는 것에 대한 자책이었다.

그녀는 미망인으로 남편의 운수사업을 물려받아 경영하고 있었다. 재력이 탄탄했다. 나는 그녀의 법적자문역할을 해주면서 그녀의 사업경제구조에 대해 구체적으로 알게 되었다. 내 사정을 드문 드문 듣고 있던 그녀가 어느 날 자기와 합쳐 살지 않겠느냐는 제안을 해왔다. 결혼이었다. 난 그때 그렇게 하고 싶지 않았지만 함께 사는 여자에게 예의를 지키기 위해 행방불명된 아내와의 법적 정리를 서둘렀다. 그리고 아홉 살 연상인 그녀의 집으로 들어가 두 번째 결혼생활을 시작했다. 하지만 그녀는 나와의 혼인신고를 미뤘다. 나이만큼 노련했다. 내가 그녀와 살자 아이들은 늘 하던 대로 동생과 숙이가 맡아 돌봐주었다. 아이들의 생활비는 그녀가 동생의 온라인 통장으로 입금시켜 주는 것으로 내게 부양의 책임으로부터 자유롭게 해 주었다. 생활비로 넉넉할 리가 없었겠지만 숙이와 조카는 알뜰하게 가계를 꾸려갔다. 만약 그때 아내가 돌아와 양육권 주장을 한다면 어쩌면 나는 양권을 포기했어야 했을는지도 모른다. 숙이에게 아내의 대해 구차하게 설명하기 싫어 죽었다고 말했다. 내 말을 증명해 주기라도 하듯이 아내에게서는 일체 소식이 없었다. 아이들이 보고 싶어 이 근처를 배회한다는 소문이라도 들려야 하는데 그런 일 조차 없었다. 다행이었다. 언젠가 숙이에게 사실대로 이야기 해주려 했던 계획은 이렇게 해서 그냥 죽은 자로 기억되어 잊혀져가고 있었다.

동생이 재채기를 했다. 그나저나 위풍이 있는 방인데다 창문까지 열어놓았으니 병약한 몸뚱이가 배길 수가 없는 모양이었다. 창문을 닫았다. 이불을 머리끝까지 올려 덮은 동생의 모습이 별안간 시신처럼 보여 웅크림 했다. 이불자락을 잡아 끌어내렸다. 흰 얼굴이 무표정하게 옆으로 돌았다.

"죽은 놈의 새끼처럼 그게 뭔가?"

동생은 후다닥 몸을 일으켰다. 화장실을 다녀온 후 이불을 개어 장에 넣었다. "더 자지 않고?" 미안했다.

"다 잤습니다."

나는 담배에 불을 붙였다. 동생은 그 때까지 똥 못 싼 강아지처럼 엉성한 자세로 서 있었다.

"앉그라. 내한테 할 말 있나?"

동생은 창문께로 자리를 잡았다. 나는 신문의 속간을 동생 앞으로 밀어주었다. 옆얼굴이 창백했다.

"애들한테 별 일 없었나? 너희들은?"

지난 밤 술에 취해 잊었던 질문을 지금 하고 있었다.

"잘 지냈습니다. 형님은요?"

"…"

잘 지낼 수 없다는 것 뻔히 알면서도 동생의 대답이 위안이 되었다. 동생이 새삼 믿음직스러웠다.

"숙이는? 신경질 안 부리더나?"

"지한테는 안 부립니더."

"하기야 니나 같은 처지 아닌가?"

담배 불을 비벼 껐다.

"숙이는 결혼해야 하고 니는 입대해야 하고… 그쟈?"

"건강 진단서 첨부해 연기해 놓았습더."

"언제까지 그럴낀가. 하긴 군대에서 니같은 약골 데려다 뭐 해다 쓰겄노. 면제 받는 쪽으로 해 보그라. 약은 잘 먹고 있나?"

"형님처럼 살게 되면 우짭니꺼. 개안습니더. 견딜만 합니더. 지가 없으면 당장 숙이가 너무 힘듭니더. 그래서 연기했을 뿐입니더. 그리고 숙이 결혼하면 아이들은 우짭니꺼? 형님은 어떻습니꺼?"

"이게 속을 쑤시고 있네, 임마! 니하고 내하고 같나? 너는 합법적으로… 에고, 됐다. 그 여자하고는 갈라섰다."

"와요? 우짠지 몇 달째 생활비가 들어오지 않고 있다 했습니더."

"그래? 전화주지 않고, 그래서 우찌 살았노?"

"앞 슈퍼에서 외상했습니더. 계속…"

"암말 않고 주드나?"

"우짠 일인지 슈퍼 아줌마는 우리를 믿어요. 형님을 믿는가 봅니다."

"그래? 잘 했다. 아줌마도 고맙고…"

"근데 우짭니꺼. 헤어지시게 되서. 저희들 때문입니꺼?"

"아니다. 어차피 남이었다. 남여가 살다 헤어지면 다 그렇기는 하다만, 지하고 나하고 뭐가 있나. 새끼가 있기나 한가. 예상했던 결과지. 니도 그렇게 생각하제?"

듣고 있기가 힘들었던 모양이었다. 동생은 얼른 대화의 방향을 틀었다.

"숙이가 결혼을 서두릅니더."

"…"

"중매한 아주머니가 자꾸 서두르네요."

"이 생활이 지겨운갑다. 그러기도 하겼지."

"중매한 아주머니가 바짝 몰아 부치고 있습더. 숙이 마음 변하기 전에 해치울라 그러는 모양입니더."

"사람은 봤나?"

"아직 모르겠심더. 형님이 보셔야는데, 언제 함 날짜 잡으시이소."

"뭐~ 다 된 이야기인가 본데, 놔 둬라."

"형님~"

"이놈의 자슥, 귀청 떨어지겠다. 와?"

"그기 집안의 큰 사람으로 할 말씀입니꺼?"

"알았다. 알았어. 날짜 잡으마. 그 자슥 참 성질 드럽네…"

"죄송합니더."

숙이는 큰 누님의 맏딸로 집안이 궁색해 중학교를 졸업하고 곧바로 내게로 왔다. 외삼촌 통해 취직도 하고 야간고등학교라도 입학해 보겠다는 꿈을 갖고 있었다. 그런데 막상 와 보니 갓난쟁이 아이 셋에다 병약한 작은 외삼촌까지, 사는 꼬락서니가 형편없자 당분간 봐 주겠노라고 있기 시작한 세월이 십 여 년이 넘게 흘렀다. 아이들은 숙이를 엄마라고 생각한다. 동생을 아빠처럼 숙이를 엄마처럼 하여 이 집안이 지금껏 지탱해 왔다. 난 숙이가 결혼을 쉽게 결심하지 못할 것이라고 생각했었다. 낳은 자식처럼 아이들을 품고 사는 정 많은 처녀였기 때문이었다. 생활비만 부족하지 않았으면 숙이도 결혼을 생각하지 않았을 것이었다. 아니었다. 결혼할 때가 된 것이다. 아니었다. 숙이의 꿈은 아직도 현실성을 갖고 있을지 몰랐다. 결혼은 앞뒤로 꽉 막힌 이 상황으로 부터의 도피로 선택하였을지도 몰랐다. 난 숙이에게 죄인이었다. 입이 열 개라도 할 말이 없었다. 엎디어 신문을 읽고 있던 동생의 눈길이 간혹 내게로 향했다. 알고 싶은 게 있는 듯하였다. 그러나 나는 물어오지 않는 것에는 답을 하지 않았다. 숙이와는 달리 동생은 무례하지 않았다. 많은 나이 차이에서 오는 생경함 때문인지 덥석 다가들지 못하는 어려움이 있었다. 목 줄기가 다시 땅기며 입안이 불쾌하게 끈적거렸다.

"물 좀 가져 와."

동생은 일어서며 기침을 몇 번 하였다. 늦게 태어난 탓일까. 아니면 잘 얻어먹지 못한 탓일까. 병명을 알 수 없는 허약함으로 시달렸다. 어머니 아버지도 참 대단한 스태미나의 소유자들인 것 같았다. 어머니 오십에 낳은 쉰둥이다. 동생은 보리차에 얼음까지 띄워 들여왔다. 맛있게 들이켰다. 기분이 조금 좋아졌다.

5.

"엊저녁 내 많이 취했드나?"

"예."

"그래? 숙이 일어났드나?"

"예."

"아이들은?"

"아직요."

"애들 다 괜찮은가?"

"좋습니더. 깨워야겠습더."

동생은 잔기침을 쿨럭이며 밖으로 나갔다. 나는 다시 담배에 불을 붙였다. 논문 대필로 맺은, 어제까지 동거인이었던 그녀와의 인연은 꽤 오래 간 셈이다. 그녀의 계획에 좀 더 긍정적이었더라면 우리는 정말 천생배필이 되었을지도 몰랐다. 그녀가 원하는 출판 사업에 관심을 갖고 도왔다면 나와 아이들의 생활은 이렇듯 갑자기 궁핍하지 않아도 되었다. 그녀는 따뜻한 모성과 사업가적인 용기와 결단력까지, 완벽한 조건을 타고 난 여걸이었다. 내 분수에 넘치는 여러 가지 것들을 두루 갖춘 여자였지만, 나는 그녀의 명예욕을 채워줄 수는 없었다. 난 어떤 식으로든 세상에 내 이름이 알려지기를 원치 않았다. 돈 있는 여자의 그늘에서 보이지 않는 자문역할 외에는 그 어떤 일도 할 생각이 없었다. 사업가인 그녀가 그런 나를 용납할 리 없었다. 요리조리 핵심을 비껴가며 그녀의 요구에 진지하지 않자 그녀는 우리들의 생활을 끝내자고 했다. 그녀의 판단은 옳았다. 나는 '그녀' 라는 직장에서 퇴출 당하고 말은 것이다. 그녀의 안방에서 은자의 권리인 양 몇 년 동안 무위도식하며 그만큼 살 수 있었던 것은 사실 내게는 기적 같은 사건이었다.

무수히 많은 대학생들이 사회질서를 어지럽히는 불순분자로 몰려 체포되던 시절, 나도 그런 부류에 섞여 도피자가 되었다. 대지가 어둠 속으로 빨려 들어가기 시작할 때면 나는 어김없이 으슥한 뒷골목, 허름한 주점을 찾았다. 불심검문을 피하기 위해 낮 동안은 친구, 아니 동지의 하숙에 숨어 있다가 밤이면 밖으로 나와 찬란한 도시의 뒷골목을 헤매며 그 밤도 무사하기를 빌었다. 도망자와 쫓는 자와의 숨바꼭질을 시작하는 것이었다. 난 마치지 못한 철학 전공을 바탕으로, 몸을 숨기고 있는 동지의 하숙방에 꽂혀있는 동지의 전공에 관심을 가졌다. 친구의 빈 방을 온종일 지키며 초조와 불안을 잊기 위해 내가 할 수 있는 일은 그것밖에 없었다. 독서 삼매경에 빠질 때만이 안정과 평화를 얻을 수 있었고, 그리고 달리 할 일도 없었다. 처음에는 그렇게 가볍게 시작한 것들이 시간이 지나 갈수록 지식으로 축적되었다. 난 목적도 없는 과목에 점점 빠져들었고 나름대로의 이론을 갖기 시작했다. 난 그 어떤 과목도 낯설지 않았고 그 어떤 과목도 두렵지 않았다. 세월이 지나 민주화 시대가 오면서 시위 적극 가담자로 당한 불이익을 회복 할 수 있었는데, 나만큼은 되지 않았다. 난 그들이 요구하는 병역의 의무를 이행할 생각이 없었다. 난 다시 병역기피자로 전락했고 나의 떠돌이 삶은 계속될 수밖에 없었다. 그 어떤 명분도 서지 않는 도피인 줄 알고 있다. 게으름이다. 육체의 고통을 감내할 자신이 없었다. 두려웠다. 내게는 독재의 고문처럼 두려운 게 군 입대였다.

그 때, 그 무성한 좌절과 허무를 다스릴 수 있었던 것은 왕성한 지식욕뿐이었다. 다행스럽게도 내 두뇌는 그것들을 기꺼이 감당 해주었다. 하지만 나는 차츰 사회성을 상실한 자기합리에 빠져들었고, 정의롭고 건실한 사회에서 스스로 소외되었다. 독초의 강한 생존력처럼 자신을 보호하고 방어하려 이 세상을 끈덕지게 붙들고 늘어지는 인간유형의 끼어들게 되었던 것이다. 나는 학위를 필요로 하는 사람들과 타협했다. 그들은 후했다. 그리고 의리가 있었다. 나 같은 사람에게 의리는 생명이었다. 살아남기 위해서라도 지켜야 한다. 그들을 위해 이 비밀은 무덤까지 끌고 가야 하는 것이었다. 지칠 줄 모르도록 탐닉했던 지식들은 돈은 있지만 시간 없고 머리가 따라주지 않은 사람들을 위해 한 가지씩 반추하기 시작했다. 나도 놀라고 있었다. 그렇게 많은 것들을 내 머리가 기억할 수 있었다는 것에, 그렇게 많은 것들을 사유 할 수 있었던 것에 대해서…. 내 논문은 가끔 학계에 논란을 가져오는 문제성을 제기하는 논문이 될 때가 있는데, 난 알았다. 어렵사리 통과되어야 말썽이 생기지 않는다는 것이었다. 논문 청탁을 필요로 하는 사람들에게 난 비밀의 인물로 화제가 되었다. 철학, 경제, 과학, 역사, 법학, 문학 등, 나는 전공과목이 많았다. 이따금 하기 싫은 과목이 있기는 하지만 자료비 청구로 약간의 시간을 갖고 공부를 하면 어렵지 않게 해결이 되곤 하였다. 교수 공청회에서 몇 번 퇴짜를 맞곤 하지만 그 또한 스릴이 있어 불쾌하지 않았다. 바로 그것이 논문 작성자가 바라는 것일 수도 있었다. 그들은 나를 통해 얻은 학위로 대학 강단에 서기도 하고, 국회의원 약력으로, 또는 사회인사의 경력으로 명예와 명성을 떨쳤다. 때문에 이젠 사회계층 곳곳에 나를 통과하지 않은 사람이 드물 정도까지 이르렀다. 물론 거의 다 된 논문을 정리 차원에서 맡기는 사람도 있었다. 솔직히 그것은 내 글이 아니었지만 그 명성이 나를 통해 탄생한 것처럼 착각을 하며 시샘과 질투를 할 때도 있었다. 그것은 내가 영원히 가질 수 없는 것에 대한 동경이었다. 그로 인해 알게 된 힘 있는 사람들과의 교류로 나는 취직을 하지 않겠다는 조건으로 병역기피를 면제 받았다. 숙이는 불가능한 일을 해내는 외삼촌의 그 배경을 믿고 올라왔다가, 내가 아내에게 발목을 잡히듯 숙이는 내게 발목을 잡혔다.

아내는 내가 가장 잘 나가던 시절에 만났다. 아내는 지방에 있는 교회의 목사 외동딸이었다. 난 아내를 바라보고 있을 때면 뛰어난 미모가 그녀의 지성을 망쳤을 거라는 생각이 들었다. 파트타임으로 나를 도와주던 아내는 내 잡다한 지식에 넋을 빼앗겨버렸다. 난 아내를 멀리하려 하였지만 결국은 어린 아내의 순진함과 순수함에 굴복하게 되었고 기어이는 아내의 소원대로 결혼이란 것에 평생 발목을 잡히고 말았다. 어느새 도피 생활로 몸에 밴 방랑기는 결혼생활에 적응이 되지 않았다. 솔직히 자신이 없었다. 미래가 없는 나를 존경의 눈빛으로 바라보는 아내를 어떻게 충족시킬 수 있을는지도 난감했다. 하지만 이성과 책임감과는 달리 난 아내의 매력에 빠져들었다. 결국은 쾌락을 사랑이라 이름 하였던 것이다. 난 아내와 자식을 위해 아무것도 해 줄 수 없었다. 아내는 내가 그녀와 아이들을 위해 가장 많은 일을 해줄 사람으로 알고 있었다. 내가 숱하게 괴로워하였던 것들을 아내는 이해하지 못했던 것이다.

아이들을 학교에 다 보내고 난 후 숙이가 내 방으로 들어왔다. 할 말이 많은 줄 알고 있는 터라 자연스럽게 숙이를 쳐다보았다.

"마음고생이 많겠구나. 미안하다. 어떻게 도와줄까?"

"돈만 있으면 되는걸요. 뭘?"

"그래? 그렇지?"

"신경 쓰지 마세요. 지가 알아서 갑니다."

"니가 뭘 알아서 할낀데…"

"그럼 삼촌이 뭐 해주실 수 있나요?"

"그래서 미안하지, 우짜노…"

"삼촌! 요 아래 가게에 외상이 많습니더. 막내외삼촌 힘들지 않게 좀 해 주이소."

"들었다. 많이 부족했나?"

"그럼요. 석 달 째입니더. 막내삼촌하고 이야기 했습니더. 큰삼촌한테 무슨 일 있는 거라고요. 그렇지요? 무슨 일 있었지요?"

걱정스런 눈빛, 마치 엄마처럼 채근을 한다.

"없다."

"그래요? 그런데 외삼촌! 아이들 엄마, 외숙모 돌아가셨다는 거 거짓말이죠?"

"뭔 소린가?"

나는 가슴이 덜컥 내려앉았다.

"저 산중턱에서 아이들 엄마를 봤다는 동네 사람들이 있어서요."

"…"

"말까지 나눴다고 하던데요. 안 돌아가셨지요?"

"헛것을 본 게지. 맞다."

나는 숙이에게 혹 아내를 험담하게 될까 봐 아내가 죽었다고 했었다. 이제는 그 거짓말이 효력을 잃어버릴 때가 된 듯하였다.

"막내 삼촌한테 들었어요. 안 돌아가셨다는 거. 알고 있었어요. 만나보실 생각 없으세요?"

6.

아내의 집에 전화를 했다. 장인의 음성은 냉랭했다. 아내의 안부를 묻자 장인은 도전적이고 신경질적으로 대꾸를 했다. 왜 묻느냐는 것 같았다.

"아이들 근처를 배회하고 있습니다."

"발 달린 짐승이 어딜 못가? 지 마음이지."

"왜 이제 나타납니까?"

"못 나타날 건 또 뭐 있남? 그 애는 애들 엄마잖는가."

이건 대체 무슨 일인가. 아니, 얼마든지 일어날 수 있는 일이었다. 다음 날 오전 아내와 통화를 해 만날 장소를 정했다. 무표정한 나를 보며 아내는 미소를 지었다. 여전히 아름다웠다.

"안 반가운가 보네."

"왜? 엉덩이 흔들고 다니고 싶어서 죽지도 못 하겠드나?"

난 여전히 이 사람을 아내로 생각하는가? 전에도 해 본적 없는 거친 말투에 스스로 놀랐다.

"크크크… 내가 왜 죽어?"

세월이 흐른 탓인지 발끈하지도 않은 채 느물거리는 아내의 수작도 만만치 않았다. 아내의 죽음은 내가 나한테 건 자기 최면이었다. 내가 건 최면에 걸려 난 여직까지 아내가 죽은 사람이라고 치부해 놓고는 그것을 계속 사실처럼 믿고 있었던 것이었다. '레드선'의 주문과 함께 현실로 깨어나는 순간이었다. 아내는 감질 나는 웃음을 웃으며 나를 비웃었다.

"숙이도 결혼하고, 준이 도령도 군에 입대해야 하고… 아이들은 어쩔낀데…"

"와 궁금한데? 내 집 일인데."

"세상이 바뀐 지 오래라 큰소리 칠 처지 아닌 줄 아는데…"

"…"

"참 당신 억수로 운이 좋으네. 어떻게 딱 맞춰 나를 찾느냐 말이지. 암튼 당신은 선택을 잘 해야 할 겁니다. 오늘 밤 안으로 나와의 재결합을 결정하지 않으면 당신의 논문 대행업에 대한 정보와 자료가 내일 방송국과 국회로 보내질 겁니다. 당신만 정의롭게 산 거 아니잖우?"

"왜 진지하게 용서를 빌지 않는 거지?"

"우선 착각하지 말구요. 박 교수와 나, 그리고 당신이 협박을 받고 있거든요. 박 교수 부인한테. 자기 남편 가짜 논문에 대해서, 당신을 확실한 증거로, 자기 남편은 확실하게 매장시켜 둘에게 보복하겠다는 심산인 게지."

"결국은 당신들이 기어이 여러 사람 망치는군. 그건 그렇고 동네 아줌마 부추겨 숙이 결혼 당신이 주선했나?"

"후후후훗~~"

"되게 할 일 없는 여자군."

"미쳤수? 그런 걸 내가 하게? 암튼 나와 재결합할 의사를 박 교수 부인한테 알려주지 않으면 무슨 일이 일어날는지 나도 몰라."

"그런 방법으로 우리는 합쳐질 수 없어."

"사건의 심각성을 깨닫지 못하네. 말귀가 그렇게 어두웠어요? 남편이 돌아오지 않은 것에 대한 보복이잖아요. 내가 당신과 진심으로 합치기를 바라는 거 아니구. 다시 말하지만 난 협박을 받고 있다구. 당신두! 답답하기는…"

"니, 그 가짜 박사하고 살고 있지 않나? 아니면 기자 애인이라도 새로 생겼나? 아니면 국회의원 보좌관이라도 꼬실라꼬 큰 건 하나 준닥 했나? 전 남편 비리로 건수 올려주면 네게 뭘 해주겠다고 약속하드나? 정말 한심타."

" … 난 당신을 설득할 수가 없어. 지금에 와서 내 말을 믿어달라고 사정해 봤자 라는 거 잘 아니까. 내가 아니고 박 교수 부인이라구요. 할 수 없지, 그럼 그냥 당해 보자구요. 이럴 것 같아 당신한테 아예 연락을 안했던 건데, 어찌 이렇게 딱 맞게 만날 수 있었나 했었지."

7.

다음 날 새벽, 아침 신문 사회면에는 '논문대행업'이라는 제목을 특종으로 하여 의문의 죽음이 제시된 기사가 대문짝만하게 실렸다. 대학의 자리를 탄탄하게 굳힌 중년 교수의 죽음이 가짜 학위와 무관해 보이지 않을 뿐더러, 자살인지 타살인지 아직 조사 중이라고 하였다.

국민들 일부는 화염병을 던지며 독재정권 타도를 외치다가 범죄자로 수배 당하던 운동권 학생들의 공로를 함부로 폄훼하지 않고 있었다. 학생 둔동가 하면 적어도 곧아서 가난할 수밖에 없는, 그 시대의 상처로 인한 정서장애자나 사회 부적격자쯤으로 치부해놓기 십상이었다. 차라리 그 평이 나을는지 몰랐다. 이 사회에서 운동권 학생 출신으로 분류되어있는 나 같은 사람이 저지른 이율배반적인 행위에 쏟아질 비난이 두려웠다. 나로 인해 목숨 걸고 싸웠던 다른 동지들까지 내 비리에 포함시킬 것이 염려되었다.

어쨌든 난 지식인의 양심을 팔아 사회를 혼란시킨 범죄를 저지른 것이다. 나를 먼저 연행하지 않고 비밀리에 수사를 하고 있는 것은 아마도 각계각층에 산재된 가짜들을 보호하고 싶어서였는지도 모른다. 그들로 인해 확산될 사회적 불신 때문에 검찰에서도 고심을 하였을 것이고, 그들을 채용한 학교, 정계 등 다수의 단체들이 겪어야 할 진통을 어떻게 진정시켜야 할지 아마 그것까지 준비하느라 현실적으로 영향력 없는 나 같은 존재는 대질심문으로 마무리할 요량인 듯하였다. 그래도 그 많은 사람들의 입을 어떻게 이렇게 철저히 막을 수 있었을까. 내가 해외도피 할 능력조차 없다는 것은 어떻게 알았을까. 그렇다고 출국 정지마저 해놓지 않은 것은 왜일까? 달아나 버리라고? 정말 그런 것일까. 어쨌거나 그 주역은 '나'였다. 무덤 속까지 끌고 들어가야 할 비밀이 어처구니없게 가정사로 인해 세상 밖으로 던져지고 말았다. 오늘의 이 어둠이 벗겨지기 전 닥칠 일에 난 준비를 하고 있었다. 영문도 모른 채 연행되는 소설 '심판'

의 주인공 보다는 나았다. 아무런 준비 없이 억울하게 잡혀가 심문을 받는 그 보다는 난 준비를 할 수 있어 다행이라고 생각하였다. 그는 억울했지만 난 절대 억울하지 않았다. 언젠가는 터질지 모를 일로 마음의 준비가 전혀 되어있지 않은 것은 아니었다.

새벽 공간을 가르는 아내의 전화 목소리는 어제 낮에 만났을 때와는 달리 기가 죽어 있었다.

"신문 봤지? 비행기 티켓 준비할게요. 공항으로 빨리 나와요. 일단은 어디로든 떠나요. 그 다음 행선지는 알려드릴게요. 당신을 그곳에서 죽게 놔두지 않을 테니 믿고 나오세요."

"누구 병 주고 약 주나."

"당신 연행되면 어찌 되는지 자신이 잘 알지요? 감옥에서 썩을래요? 해외 구경이라도 하면서 자유롭게 살래요. 선택은 자유인데… 입은 채로 나오세요. 아무것도 준비하지 마세요. 지금 바로! 지금 떠나야 해요."

"누구의 사주인가?"

"사주는? 어제 설명했잖아요. 전 지금 막 검찰조사를 끝내고 돌아왔어요. 당신도 곧 닥칠겁니다. 당신은 선택권이 없어요. 알라고 할 것도 없구요. 죽느냐 사느냐만 있을 뿐에요."

"…"

"그 많은 가짜들이 진심으로 당신의 생존을 원할까?"

등골이 서늘해졌다. 쥐도 새도 모르게 죽을 날이 가까워진 듯하였다.

"진짜 박 교수 아내인가?"

"그래요. 오늘 아침 신문에서 봤지요? 죽은 거… 내가 당신과 재결합하면 없었던 일로 하겠다고 했어요. 그 여자는 남편 박 교수를 줄곧 협박하며 자신에게로 돌아오게 하려 했어요. 박 교수가 엊저녁 학교 옥상에서 뛰어내려 자살을 하자 그 여자와 제가 제일 먼저 불려갔어요. 여자는 제 대답을 영원히 들을 새가 없었던 거지요."

"그 여자가 나한테 왜 원한이 있는 거지?"

"아내를 잘 다스리지 못한 죄라고 한다지요. 아마도? 당신은 남편을 파멸시킬 수 있는 완벽한 증인이기도 하구요. 박 교수 생각에는 일이 커질 것은 확실해 보이고, 또 정나미 떨어진 전 아내한테 돌아가기는 싫고… 사실 그 사람 학위 문제가 아내한테 커다란 약점이었어요. 터트리겠다는 협박에 이래저래 괴로워 자살한 것 같아요."

"두 사람이 기어이 사건을 만들었군. 당신하고 살고 있지 않았나?"

"그랬지만 그 남자 이혼 못했거든요. 검찰에서 곧 당신한테로 닥칠거에요. 당신한테 빨리 연락을 줘야 할 것 같아서요. 지금 떠난다면 당신도 아는 사람을 공항으로 내보낼게요."

"내 걱정할 때가 아닌 것 같은데."

"당신, 두렵지 않아요?"

"당신들의 사생활이 드러나는 게 두려운 거겠지?"

"죽었는데 뭐가 두려울까? 이제부터 주위 사람들에게 시달릴 사람은 당신인데…"

"다 자업자득인 것을… 고양이 쥐 생각하지 말고 잘 지내~"

"…"

순간 측은했다.

"당신 말을 들었어야 했었군."

"애초부터 기대하지 않았어요. 십년 만에 만난 사람, 그것도 당신을 아프게 했던 사람의 말이 귀에 들어오겠는지요. 마음 바뀌면 연락 줘요. 해외로 나가는 거. 곧 바로! 시간이 없어요. 내가 없더라도 전화 받는 사람에게 이야기 하세요. 부탁해 놓을게요. 아이들을 위해서라도 당신은 꼭 별 탈 없이 살아있기를 바래요. 일이 이렇게 돼서 미안해요."

난 새벽녘 아파트 계단을 뛰어오르고 내리던 신문 배달원의 건강한 발걸음을 떠올렸다. 대한민국에 튼튼히 뿌리를 내릴 그 발걸음

속에 장남 혁이의 것도 있었을 것이라고 생각하니 다소 안심이 되었다. 내가 없어도 지금처럼 동생이 잘 돌봐 줄 거라는 믿음이 있었다. 처음부터 난 이 땅에 없었다. 누구를 위해 목숨을 걸고 독재에 저항하고 그 숱한 날들을 도망 다녀야 했었던가. 라는 생각에 이르자 뜨거운 덩어리가 목구멍을 콱 막아서며 눈물이 주르륵 흘러내렸다.

아이들 엄마와 통화를 끝내고 한 십분 쯤 후, 그러니까 내가 뜨거운 눈물을 체념으로 겨우 삭힌 직후였다. 박교수의 아내에게서 전화가 왔다. 그녀는 자신을 아직도 박 교수의 아내라고 말했다. 집착이 이 정도면 병이지 싶었다. 남편은 다른 여자와 살았고 죽기까지 하였는데 법적 권리만이라도 내세워 그의 여자이고 싶은 모양이었다.

"난 당신을 증오합니다."

"난 그 사람과 벌써 헤어졌습니다."

"당신 바보에요? 헤어지기 전에 당신 부부가 내게 어떻게 하였는데요. 어쨌든 좋아요! 당신 탓이 아니라고 한다면요."

"저도 댁처럼 피해자이잖소. 당신 남편 때문에요. 당신이 나를, 아내를 다스리지 못한 죄인이라고 한다면 댁도 마찬가지 아닙니까?"

"사람은 갔는데, 우리끼리 이래봐야 죽은 놈 불알 만지기 아닙니까?"

"…"

"검찰 조사에서 아직 당신 이름은 거론되지 않았습니다. 제가 터트리지 않는 한 당분간 당신이 등장할 이유는 없을 겁니다. 하지만 저도 모릅니다. 언제 다 말하게 될지요. 검찰은 이미 윤곽을 잡고 있는 논문대행업에 대한 조사를 하고 있고 쉽게 포기할 것 같지는 않아요. 당신 전 부인과 자주 부딪치다 보면 제가 어떻게 헤가딱 핼뿐는지 나도 자신이 없습니다. 검찰도 원하는 답을 얻을 때까지 저를 그냥 놔두지 않을 거구요. 내가 왜 당신 같은 사람을 걱정하는지 모르겠지만 피할 수 있으면 당분간 그렇게 해보시던가."

"…"

사면초가, 진퇴양난이었다. 떠나라는 저들의 귀띔에는 젊은 날의 미래처럼 생존만 있을 뿐이었다. 죽음을 선택할 수밖에 없는 자유, 때론 그럴 수밖에 없었겠구나, 이해되는 죽음도 있을 것만 같았다. 아직 내게, 화염병 앞에서 정의를 위해 용감할 수 있었던 용기가 남아있다면 그것은 이제 그들을 위한 것이어야 한다는 것을 알았다. 난 그들의 명예를 지켜줘야 할 책임이 있었다. 그들과 내가 지켜야 할 약속, 떠남의 의미를 비로소 난 알 수 있었다. 그토록 애착을 가졌던 이 나라, 이 땅은 끝까지 나를 거부했다.

*제목 "이 미친 사회조차도 때로는 올바르다" 는 오쇼 라즈니쉬의 저서『배꼽』의「미친 사람」중에서 가져옴.

편집후기

더위가 극성을 부리던 여름은 생각보다 짧게 끝이 났습니다. 더위를 핑계로 차일피일 미루다 만 글쓰기. 가을이 무르익기 전에 책상 앞에 앉아봅니다. 전 같지 않은 열정에 스스로 마음의 채찍을 당겨보지만 글쓰기가 역시 쉽지 않습니다. 올해는 또 메르스 여파로 23호가 늦게 출간되는 바람에 24호 작품 응모일이 앞당겨졌습니다. 하지만 혹시나 하는 걱정을 깨트리고 우리 회원님들은 주옥같은 작품을 이번에도 어김없이 보내주셨습니다. 글쓰기는 치매 예방에도 좋은 효과가 있습니다. 세월은 얼굴에 주름을 만들지만 열정 없는 삶은 영혼에 주름을 만듭니다. 열정적 글쓰기를 많이 하셔서 25호, 26호, 대한사이버문학 출간이 연속적으로 지속되기를 기원합니다. 24호에 글을 보내주신, 그리고 암묵적으로 지원해 주신, 모든 회원님 고맙습니다.

동화작가 정이식

독개다리
대한 사이버문학
제24호 2015
인 쇄 일 : 2015년 10월 28일
발 행 일 : 2015년 10월 30일
지 은 이 : 대한사이버문학회
편집주간 : 서혜원
편집위원 : 정이식 류인복 이상야 천홍자

http://cafe.daum.net/hankuk2003
▶ 구독신청 및 광고문의 : cryingbird50@hanmail.net
H.P 010-9705-7906
▶ 정기구독료 및 도서신청 입금 계좌번호
예금주 : 국민은행(서혜원) 056-21-0024-343

조판 · 인쇄 : 오늘의 문학사
대전 동구 대전로 867번길 52 (삼성동)
☎ (042) 624-2980
✉ hs2980@hanmail.net

ISBN 978-89-5669-714-7
값 12,000원

이 도서의 국립중앙도서관 출판예정도서목록(CIP)은 서지정보유통지원시스템 홈페이지(http://seoji.nl.go.kr)와 국가자료공동목록시스템(http://www.nl.go.kr/kolisnet)에서 이용하실 수 있습니다.
(CIP제어번호: CIP2015029061)